접점의
CONTACT POINT
1:100

힘과 돈
접점의
CONTACT POINT
1:100

정동희 저 · 융 그림

Introduction

하얀 미소 짓는 접점(接點) 찾기 여정을 시작하며

이 책은 필자의 11번째 책입니다.
당초 10권으로 마감할 생각이었습니다.
그런데 만54세의 나이로 학교 동기의 부인상을 조문하고 나서, 3일 만에 다음과 같은 장문의 문자를 받게 되었습니다.

"정 대표~ 이번에 아내상을 당해 몸을 가누기도 힘들 때 손잡아 주고, 따뜻하게 위로해 줘서 고맙습니다.
덕분에 큰 위안을 받았고, 아내를 편안한 곳으로 잘 보내드린 것 같습니다.
아직도 실감이 나지 않고, 한동안은 엄청 힘들겠지만… 잘 이겨 나가겠습니다.
정 대표도 늘 건강 잘 챙기시기 바랍니다."

문구 사이에 진솔한 마음이 담겨있었고, 저도 마음을 담아 다음과 같이 답변했습니다.

'힘 내시고요.
시간은 영원할 수 있고
어느 시점에 마음의 접점을 다시 찾게 되시리라 생각됩니다.
아무쪼록 고생 많으셨습니다.'

그 날 저녁 2년 만에 다시 펜을 들고 『접점』이라는 제목의 책을 쓰게 되었습니다.
부제를 풀어쓰면 「전략가의 승부수 측면에서 힘과 돈의 접점」입니다.

제가 전략가(Strategist)의 마인드로 살기 시작한 것은 1998년 종합금융업에서 증권업 애널리스트(Analyst)로 전직하여, 리서치센터 투자전략팀에서 근무하기 시작할 때부터였습니다.
투자전략팀장이 되어 대외활동도 하고 강연회도 수 차례 하면서 '빛 좋은 개살구' 인생을 살 때만 해도 사실 진정한 전략가가 무엇인지는 몰랐던 거 같습니다.
2005년부터 지금까지 재테크가 아니라 다른 분야에서 험난한 고생 여정을 하면서 내실이 조금씩 겨우 생겼습니다.

그리고 2023년 저의 작업실 책상 바로 뒤에 미니 빨간 냉장고 문을 두 달여 만에 열어볼 정도로 다른 곳에 신경 썼는데 잘 되지 않았을 때, 일주일 내내 제 자신을 되돌아보면서 비로서 전략가의 마인드가 완성되어 가는 거 같습니다.

두 달 동안 다른 일에만 신경 쓰며, 머리 뒤통수의 빨간 냉장고 안에는 아마도 비어있을 거라고 생각되어 아예 문을 안 열어봤는데, 어느 날 그 비어있다고 생각된 빨간 미니 냉장고 문을 거의 두 달 만에 열어보니, '뜻밖에' 유효기간이 20여일 지난 망고쥬스가 3개 있었습니다.

이 망고 쥬스를 꺼내 의사 조언 무시하고 먹을까 하고 머뭇거리고 있는데, "뜻밖의" 문자를 받게 됩니다.

예전 학교 동기 부인상이었고 그 조문 후 문자 이야기는 방금 앞에서 말씀드렸습니다.

부모님 부고는 있었지만 동기 부인 부고는 제 인생 처음 있는 일이었고요, 이제부터 시작하는 『정동희의 접점 이야기』도 여러분 독자분들에게 처음 듣는 이야기처럼 느껴지실 것입니다.

우리는 그 동안 어떤 세상에 있었던 걸까요?

애써 만든 접점을 연결하거나 활용하지 못하는 세상에 있었던 것은 아닐까요?

'접점이 있다'를 영어로 표현하면 'there is a point of contact'이고 '접점이 없다'를 표현할 때에는 no contact입니다.

'고객 접점이 바뀌고 있다' 또는 '북미 간에 접점이 없다'는 식으로 접점이란 단어가 사용됩니다. 도형에서 두 원의 위치관계는 내접과 외접이 있고 분야에 따라서는 접점의 형태는 훨씬 다양하게 성격이 바뀝니다.

영화 '접속'이 아니라
돈을 먼저 보고 좇는 세상이 아니라, 접점을 먼저 보고 그 접점에서의 힘을 다음으로 보고 그리고 나서 3단계로 돈을 보는 전략 "하얀 미소 짓는 접점"이야기는 이제 시작합니다.

뒤통수에 빨간 미니냉장고를 두고 있는
전략가 정동희 올림

INTRODUCTION
하얀 미소 짓는 접점 찾기 여정을 시작하며　　　　　　　　　　004

CHAPTER 1
물리학적 접점

01. 선풍기	012
02. 자전거와 오토바이	016
03. 자동차	022
04. 탱크	026
05. 기차	030
06. 비행기	034
07. 헬리콥터	040
08. 우주선	044
09. 달	048
10. 지구	052
11. 태양	056
12. 우주	060

CHAPTER 2
사회심리학적 접점

01. 강의	066
02. 대화	071
03. 만남	077
04. 비교	081
05. 사랑	084
06. 교육	087
07. 이별	091
08. 고통	095

CHAPTER 3
정치집단 심리학적 접점

01. 결성	102
02. 싸움의 실체	106
03. 엘리미네이터(eliminator)	110
04. 집회	114
05. 여론	119
06. 투표	124
07. 권력	132

CONTENTS

CHAPTER 4
경제학적 접점

01. 생산	140
02. 판매	152
03. 구매	157
04. 유통	163
05. 건설	168
06. 금리	172
07. 주식	177
08. 세금	182
09. 부동산	187
10. 스포츠	191

CHAPTER 5
접점을 찾는 전략가의 승부수

01. 불규칙	198
02. 규칙	205
03. 미끼	210
04. 탈취(奪取, takeover)	217
05. 동정	224
06. 공격	229
07. 희생	236
08. 반전	241

EPILOGUE

「진짜 접점」을 찾는 자가 이긴다	250

부록 : 한남동 관저에 대한 정동희의 「최초접점」 이야기

한남동 관저에 대한 정동희의 「최초접점」 이야기 Ⅰ	255
한남동 관저에 대한 정동희의 「최초접점」 이야기 Ⅱ	258
한남동 관저에 대한 정동희의 「최초접점」 이야기 Ⅲ	260

CHAPTER 1

선풍기

자전거와 오토바이

자동차

탱크

기차

비행기

물리학적 접점

헬리콥터

우주선

달

지구

태양

우주

01
선풍기

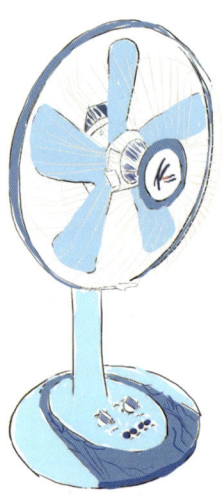

선풍기는 회전력을 이용하여 인공적인 바람을 만드는 가전제품입니다.

가정에서 전형적으로 사용하는 선풍기는 30센티미터 이내의 3개의 날개가 평면이 아니라 곡선으로 커브된(=curved) 굴곡면에서 바람을 만들게 됩니다.

회전력이 발생하는 시작점은 이 날개들의 중간지점인 하나의 점이 되겠습니다.

가느다란 둥근 철심이 전기에 의한 모터 운동으로 회전하며, 이 철심에 끼워진 플라스틱 날개를 돌리기 때문입니다.

소형 가정용 모터가 아니라 내연용 동력모터인 경우 보트(Boat) 스크류날개가 되어 물살을 뒤로 보내며 앞으로 배가 가는 추진력을 얻게 됩니다.

공기 속에서 하나의 점이 돌면서 그 점에 끼워진 날개들이 회전하면 바람이 만들어지고, 물속에서 하나의 점이 돌면서 그 점에 끼워진 스크류날개가 회전하면 추진력이 만들어집니다.

이 과정을 역순으로 하면, 또 다른 형태가 되는데 그 중의 하나가 네덜란드 풍차입니다. 풍차는 인공적인 모터가 아니라 자연에서 발생하는 바람이 거꾸로 굴곡면의 풍차날개를 돌리면 그 힘이 중간지점에 모여서 전달되어 방아를 찧거나 물을 낮은 곳에서 높은 곳으로 배수하게 응용됩니다.

돈키호테와 산초 판사가 동행하며 벌어지는 무용담에는 풍차를 향해 말을 타고 창을 찌르려는 에피소드도 있습니다.

이 일화는 전략적인 측면에서 재미있는 교훈을 암시하기도 합니다.

설정파괴라는 측면은 돈키호테가 자연의 바람으로 돌아가는 거대한 풍차 날개가 자발적인 힘에 의해 돌고 있다고 착각하면서 에피소드가 벌어지는 것입니다.

돈키호테가 설정이해라는 측면에서 접근했다면, 수동적으로 돌아간 풍차날개 중간지점에 모인 축이 만들어내는 방앗간에 창을 들이대고 대쉬하는 에피소드 Ⅱ가 벌어질 것입니다.

가정용 선풍기부터 거대한 네덜란드 풍차에 이르기까지 핵심은 3개 내지 4개의 날갯살이 아니라, 그 중앙지점이라는 점에서 '접점의 물리학'은 이제 시작할 뿐입니다.

별 거 아닌 거 같지만, 사실은 중요한 이해입니다.

지금도 과거 풍차가 많이 남아있는 네덜란드의 잔세스칸스나 스페인 풍차마을 콘수에그라를 직접 방문하게 되는 기회가 있다고 상상해봅시다.

아마도 저부터 거대한 풍차 날개의 끝들을 찾으며 시선을 고정하기 싶기 때문입니다.

이럴 경우 저도 돈키호테가 안 된다는 보장이 있을까요?

하지만 걱정 안하서도 되겠습니다.

난생 처음 풍차를 보면 그렇겠지만 두 번 이상 보거나 그 마을에 살게 된다면 1605년 돈키호테가 출간될 즈음에는 프랑스와 네덜란드에 연신 고배를 마신 스페인의 희망 이야기 접근이 아니라 현실적으로 접근하게 될 터이니 말입니다.

　세르반테스의 원작소설 '돈키호테'는 코믹으로 치장한 이상(異常) 에피소드였습니다. 하지만 접점을 찾는 여정에서의 이상(理想)은 힘의 중심을 먼저 찾게 되므로, 초점을 선풍기 동력의 중심점에 맞추게 되면 (돈키호테와 다르게) 침착성을 가지고 회전운동을 보게 됩니다.

　가운뎃점(middle point) 또는 중점(中點)은 구심력과 원심력 모두의 기준점입니다.
　물체가 관성에 의해 원운동을 할 때 원의 중심으로 향하는 힘을 구심력이라고 하며, 구심력은 실재하는 힘입니다. 반면 원심력은 관성에 의해 나타나지만 실제로는 존재하지 않는 가상의 힘이라는 큰 차이점이 있습니다.

　구심력과 원심력이 평형을 이룬다고 막연하게 생각하기 쉬운데 이렇게 될 경우 원심력이 진짜여서 평행을 이루게 된다면 이 물체는 등속 직선 운동을 하게 되며 공전이 성립되지 않을 수 있습니다.

　"가짜 힘!"일 뿐인 가상의 힘인 원심력(centrifugal force)에서 접점을 찾는 게 아니라, 실존하는 힘인 구심력(centripetal force)에서 접점을 찾는 접근은 이 책의 시작점이 되겠습니다.

02
자전거와 오토바이

필자는 오토바이를 가끔 탑니다.
125CC 오토바이는 운전면허2종만 있으면 따로 오토바이 운전면허증 없이도 탈 수 있습니다. 그래서 필자와 같이 원초적 직감으로 오토바이를 한동안 운전하게 되는 경우가 발생하게 됩니다.

이렇게 될 경우 오토바이의 방향을 바꾸기 위해서는 양 손에 진 오토바이 핸들을 바꾸는 방법 밖에 없다고 생각하기 쉽습니다.

제가 거의 2년 가까이 그렇게 오토바이를 탔습니다.

2년이 지나서야 오토바이를 탈 때 방향을 핸들로만 바꾸기 보다는 몸의 무게 중심을 바꾸어야 원활한 방향전환이 된다는 걸 깨달았습니다.

즉, 오토바이로 우회전을 할 경우 오른손으로 핸들을 안쪽으로 당기고 왼손으로는 핸들을 바깥으로 밀면서 동시에 상체 몸을 오른쪽으로 기울일 때 비로소 '라이딩(riding)'이라고 표현할 정도가 되게 됩니다.

그렇지 않고 상체를 시트 한가운데만 고집하며 뻣뻣하게 세우기만 하면, 저의 최초 2년을 답습하게 됩니다.

외국의 오토바이 랠리 영상을 보면 굴곡 노선에서 상체 몸의 무게 중심을 구심력 안쪽으로 과감하게 옮기는 모습을 확인할 수 있습니다. 엉덩이를 시트에 반 이하로 걸친 채 상체와 무릎을 최대한 바닥으로 빼내는 자세를 행오프(hang off)라 부르며, 뜻은 말 그대로 걸쳐 내리는데 과도하지 않고 엉덩이 한쪽분 정도를 구심력 쪽으로 빼고 무릎을 사실상 지면에 거의 닿을까 말까 하는 수준까지 경기영상에서 볼 수 있습니다.

자전거도 오토바이처럼 바퀴가 2개라는 공통점이 있습니다.

그런데 다른 점은 자전거는 페달을 발로 돌려야 되기 때문에 자전거 자체를 굴곡 노선에서 구심력 안쪽으로 약간 비스듬하게는 기울이나 어디까지나 운동 에너지를 발생시키는 인간의 상체와 같은 수준으로만 기울이는 정도입니다.

반면 오토바이는 페달을 돌릴 필요가 전혀 없으므로 오토바이 자체도 굴곡 노선에서 구심력 안쪽으로 비스듬하게 기울일 뿐만 아니라 운전자의 상체는 더 비스듬하게 기울인다는 측면에서 차이점이 발생합니다.

결국 자전거보다 오토바이가 2바퀴의 회전중심점에만 더 치중하여 구심력에 더 민감하게 순응해야지, 랠리에서 좋은 성과를 거두게 된다고 해석되겠습니다.

이전의 가정용 선풍기나 네덜란드 풍차는 하나의 회전력이 고정되어 발생하거나 발생시켰다면, 오토바이는 두 개의 회전력이 1차적으로 간격이 고정되면서 이동한다는 첫 번째 차이점이 있고 2차적으로는 앞쪽 회전력은 방향을 틀 수도 있다는 두 번째 차이점까지 발생합니다.

여기서 끝나지 않고 두 개의 회전력 중간지점에 탑승한 운전자의 상체 무게 중심을 좌우로 민첩하게 바꾸면서 (전문가의 경우) 직선코스의 속도만큼이나 곡선코스의 속도를 근접시킬 수 있는 3차적 응용력이 가미됩니다.

재미있는 점은 현실 세계에서는 교통 체증이 극심한 크리스마스 이브 서울 시내에서 유명 오페라 남자 가수가 세종문화회관에서 공연이 끝날 때 미리 불러둔 오토바이 퀵 뒷자리에 타고 예술의전당 공연까지 늦지 않게 갔던 일화처럼, 틈새를 비좁고 전진하는 4차 응용력까지도 생각해볼 수 있다는 점입니다.

물론 비가 오거나 매우 추운 날씨에는 이 모든 게 사실상 올 스톱 되는 치명적인 단점도 있지만 말입니다.

후진을 못하는 오토바이가 날씨만 좋고 좋은 기술의 운전자가 몬다면, 전진에 있어서는 3가지 응용력까지 확장되며 무서운 스타트를 한다는 걸 눈여겨 봐야겠습니다.

100미터나 200미터 초단거리 경주는 슈퍼카보다 600cc이상만 되어도 오토바이가 더 빠르니까요.

두 바퀴의 바로미터는 300여년 역사의 자전거와 더불어 이보다 더 긴 역사를 가진 전차에서도 찾을 수 있습니다.

고대 최초의 바퀴는 통나무를 그대로 잘라서 만들어 나무의 지름이 곧 바퀴의 지름이 되었고 큰 바퀴를 만들기 위해서는 더 큰 나무가 필요했습니다. 이러한 단순한 통바퀴는 무겁다는 특징이 있었는데 점차 살이 있는 가벼운 바퀴로 바뀌게 됩니다. 바큇살을 붙여서 만들면 무게도 줄어들어 운반효율이 높아지고, 이전과 달리 큰 바퀴를 자유자재로 만드는 게 가능해졌습니다. 바퀴가 대형화되며 길 위의 장애물을 효과적으로 주파하게 되자 길들여진 말과 조합하여 '고대 전차'가 등장하게 됩니다.

로마 전차부대는 보병들에게 공포의 대상이 되었는데, 빠른 속도로 돌진할 수 있고 두 바퀴의 회전축에 칼날을 장착해 바퀴의 운동 자체가 구심력을 바탕으로 가속도와 회전력이 더해지며 기계톱 내지 기계칼 역할을 했기 때문입니다.

두 바퀴의 고대 전차 역사에 비하면 인류 최초의 자전거는 1817년 독일에서 카를 폰 드라이스에 의해 만들어졌다는 점에서 전차와의 시간 갭이 무려 1,800여 년이나 뒤늦었다는 점이 매우 놀랍습니다.

앞바퀴를 움직여서 원하는 방향으로 달릴 수 있는 목제 두 바퀴 자전거를 만들어 파리에서 드라이지네(Draisine)라는 이름으로 인류 최초로 공개된 자전거는 영국으로 건너가 개량되어 호비호스(Hobby horse), 댄디호스(Dandy horse)라는 이름을 얻고 인기를 끌었지만 대중적으로 보급되지는 못했습니다.

오늘처럼 페달로 바퀴를 돌리는 자전거는 1861년 파리에서 대장간 일을 하면서 마차도 만들던 페이르 미쇼와 그의 아들이 앞바퀴에 페달을 단 미쇼의 나무 자전거를 벨로시페드(Velociped)라 했고 이 모델은 65년에는 400대가 팔려 대량생산한 첫 번째 자전거였습니다.

이후 영국으로 건너간 벨로시페드는 나무바퀴 둘레에 철판이 씌어져 노면의 진동과 충격이 심하게 전달되는 단점을 바퀴에 통고무를 쓰면서 1860년대 후반에 외형적인 측면에서 오늘날의 자전거와 엇비슷하게 되었습니다.

1874년 영국의 해리 로슨은 같은 사이즈의 크지 않은 바퀴를 달고, 앞바퀴 페달 대신 두 바퀴 중간에 있는 페달을 밟아 체인으로 뒷바퀴를 굴리는 자전거와 비슷한 세이프티(Safety)를 내놓았는데 안장에 오르내리기 쉽고, 달리기도 수월하며 위험하지도 않은 안전한 자전거라는 뜻입니다.

인류가 수평적으로 두 바퀴가 있는 수레를 이천년 이상 봐왔지만 이 두 바퀴를 앞 뒤로 놓는 일종의 수직적 배열을 생각해 내지 못한 사례는 한번 관습적으로 접점이 만들어지면 「수평과 수직이라는 접점의 단순한 전환」마저도 엄청난 시간이 걸려야지 가능했다는 좋은 사례였습니다.

03
자동차

인간은 두 발로 직립하여 걷는 유일한 포유류과입니다.
원숭이도 가끔은 두 발로 걷지만 대부분은 팔과 다리 모두 땅을 짚고 기어가거나 달립니다.
이런 측면에서 바퀴가 4개인 자동차는 전형적인 포유류 이동구조와 유사하고 특히 후륜 자동차는 사뭇 비교가 가능합니다.

지구 상에서 가장 빠른 포유류인 치타는 최고속도 시속 100킬로 이상으로 실제 측정되었는데, 뒷다리가 땅을 치고 나가는 추진력은 근력에서 발생하는 것처럼 생각하기 쉬우나 실제는 유연한 척추가 마치 활처럼 구부려졌다가 짚은 이후에 뒷다리를 앞다리가 짚었던 위치까지 쭉 끌어당길 수 있을 만큼 둥근 척추를 만들어내며 생기는 탄력으로 쭉 치고 나가며 발생합니다.

자동차경주에 나오는 포뮬러카(Formula car)가 가늘고 긴 차체를 전형적으로 가지고 있는 점은 치이타의 척추 격인 셈입니다. 또한 미드쉽 엔진 및 후륜구동 경주용 차들이 공기저항 축소시스템 상 다운포스를 형성하기 위하여 장착하는 리어윙 또한 치이타의 긴 꼬리와 비교 가능하기도 합니다.

우리의 일상생활 속에서 가장 흔하게 접하는 전륜 자동차는 구동력의 발생과 방향 선회 모두 운동성을 최우선으로 하는 구동방식인 미드쉽(MR)까지는 아니지만, 앞바퀴와 뒷바퀴 정중앙은 아니더라도 프론트 미드쉽을 추구하고 있다는 측면에서 같은 맥락입니다.

구조적인 측면에서 네 개의 바퀴는 냉난방기 탑재 및 승객 및 화물 적재능력 향상 등 안정성과 확장성을 가지며 사계절 대응 능력을 가진 생활 속의 운반기구가 되었습니다.

이러한 자동차 구조를 전략적인 측면에서 응용한다면, 사륜과 같이 4개의 바퀴가 모두 구동력을 자체적으로 가지고 있지는 않더라도 2개의 자체 구동력과 2개의 구동력 없는 바퀴만 더 확보된다면 안정성과 확장성을 어느 정도 흉내낼 수 있다는 교훈을 던져주는 셈입니다.

한국에서는 70년대만 하더라도 길거리에서 운행하는 삼륜차를 볼 수 있었습니다.

지금도 보이는 전기삼륜차는 오토바이의 운행 위험성을 나이 드신 운전자가 몰 경우 위험성을 줄여주기 위해 민첩성이라는 장점을 줄여주는 대신 뒤에 두 바퀴를 통해 안정성을 추구했습니다. 결국 오토바이라는 말입니다.

그런데 과거 70년대 있었던 삼륜차는 네 바퀴의 안정성이라는 장점을 줄여주는 대신 경제성을 대신 추구했기 때문에, 그래도 결국 자동차였습니다.

독특함을 추구하는 게 아니고 농업용 경운기처럼 경작 응용성도 관심 없다면, 현대 자동차의 상식은 네 바퀴에서 해결하는 게 상식이 되었습니다.

'삼발이'는 과거에는 자동차로 대접받았다면 현대에는 오토바이로 분류되고 있다면, 정답은 이제 명쾌해졌습니다. 안전을 가장 먼저 생각하는 시대라는 의미입니다.

지구의 평면을 맞닿는 4개의 바퀴 접점은 지구를 떠나서 달이나 화성에서도 그대로 유효했습니다.

지난 2004년부터 15년간 탐사 활동을 벌였던 화성 탐사 로버 '오퍼튜니티(Opportunity)'의 임무 종료할 때까지 6개의 바퀴는 가파른 언덕과 웅덩이에서 빠져나오며 6개의 접점이 당초 계획했던 탐사기간 90일을 60배나 넘기며 활동한 바 있습니다. 이 뒤를 이어 2021년부터 새롭게 투여된 로버(이동형 탐사 로봇) '퍼서비어런스'호도 6바퀴의 접점으로 소저너와 스피릿·오퍼튜니티(2004년), 큐리오시티(2011년)의 뒤를 이어 5번째 화성 탐사를 이어가고 있습니다.

지구 표면상에서는 도로 위에서는 4개의 바퀴로 99.9%의 상황에 대처할 수 있으나 인공적인 도로가 없는 화성 표면 위에서는 4개의 접점 중에 하나가 작은 웅덩이에 빠질 경우 '삼발이'가 되어 꼼짝 못할 수 있기 때문에, 이러한 비상상황을 대비하여 6개의 접점을 평상시에 추구하지만 위기 시에는 그 중에 4개의 접점만이 제 기능을 해도 탈출할 수 있기 때문입니다.

04
탱크

2차 세계대전은 전차전이라고 요약될 만큼, 탱크는 천하무적으로 통했을 때가 있었습니다.

1991년 1월 17일부터 시작된 걸프 전쟁(Gulf War)에서 이 명성이 이어져 이라크를 상대로 한 미국 등의 전차전은 불과 전쟁을 11일 만에 끝나게 만들기도 했었습니다.

그런데 2022년 러시아의 우크라이나 침공 때에는 전차전이 더 이상 과거처럼 나타나지 않았죠.

러시아가 우크라이나전에 투입한 전차의 절반 이상을 잃었기 때문인데, 우크라이나 입장에서 빼앗은 러시아 탱크들이 넘쳐나는데 실제로 다시 쓸 만한 게 없을 정도였습니다.

어쩌다 이렇게 되었을까요?

방향 바꾸다 아군에 포신 휘둘러 부서지고 재블린(Javelin)이란 명칭을 가진 미군의 3세대 적외선 유도 방식 대전차 미사일을 우크라이나 병사 한 명이 몰래 쏘며 박살납니다.

그렇다고 탱크의 시대가 이제 지나갔다고 말할 수는 없습니다.

왜냐하면 우크라이나는 러시아에 빼앗긴 영토를 되찾기 위해 수백 대의 새로운 탱크를 원하고 있기 때문입니다.

러시아는 전차전에 대한 운용 전략과 전술이 부족하여, 보병과 포병과 동반 진입하지 못하고 전차들만 줄지어 먼저 침공하여 시가지 환경이나 숲길 등에서 러시아 탱크들이 잦은 매복 공격을 당하며 쉬운 먹이감이 되거나 심지어 필요 열료량의 보충도 되지 않고 무턱대고 진격을 하여 가솔린 터빈 엔진을 사용하는 T-80 전차는 디젤 엔진인 T-72와 T-90보다 더 높은 비율로 버려지기까지 합니다.

T-72의 경우 설계상 포탑의 장갑이 약해 대전차무기가 이 부분을 뚫고 들어가기가 서방전차보다 쉬웠고 이럴 경우 전차 승무원들 아래에 보관된 탄약들의 연쇄 폭발을 일으키는 취약성도 있었습니다.

재블린(Javelin) 대전차 미사일은 이 점을 철저히 공략하는데, 발사 후 하늘로 치솟았다가 위에서 내리꽂는 궤적으로 러시아 탱크를 쉽게 공격할 수 있기 때문입니다.

반면 독일제 레오파르트(Leopard) 2, 미국제 M1에이브람스(Abrams) 등의 서방 전차들은 특수소재를 결합한 보호 장갑으로 포탑이 설계되어 있고, 능동보호를 할 수 있습니다. 예를 들어 연막 등을 뿌려 미사일을 중간에 무력화시키거나 날아오는 미사일의 유도신호를 교란할 수 있고 이 시스템을 뚫고 들어오더라도 전차 내부에서 탄약이 연쇄적으로 터지더라도 승무원들은 살 수 있도록 분리 설계가 되어 있기 때문입니다.

탱크를 운용하는 부대 전술만 보완되고 필요 연료량과 정비부품이 공급되는 망이 유지되고 전의만 상실되지 않는다면, 여전히 탱크는 현대전에서도 꼭 필요하다고 요약되겠습니다.

기본적으로 탱크는 궤적성의 장점이 있는 운반체이기 때문입니다.

전차 바퀴에 궤도를 걸도록 하는 걸쇠가 있어 무한궤도(無限軌道) 또는 캐터필러 궤도(continuous tracks 또는 caterpillar tracks)라 불리는 접점의 연속성이 특수환경에 대한 문제해결 응용력이 가능해집니다.

비포장도로에서 보이는 사륜구동 랭글러 짚차보다 강판 조각을 벨트처럼 연결한 탱크 바퀴는 51톤에 달하는 K1전차를 종횡무진으로 움직이게 합니다.

1979년부터 야전부대에 실전배치되어 있는 미국의 M1 에이브럼스

(M1 Abrams)는 중량이 63톤에 달하며 전차 내부에 실릴 탄약 무게는 별도입니다.

   이 무게를 견뎌내면서 적군의 무기에 방어할 수 있는 바퀴는 현대 기술로도 무한궤도 외에는 다른 구조를 생각해낼 수 없는 독특한 구조입니다.

05
기차

19세기에는 아프리카의 대부분이 유럽 열강의 식민지로 전락되고 인도 등 아시아도 대항해시대와 제국주의 시절 열강들에 의해 자원 침탈이 이루어졌습니다.

공교롭게도 이 식민지 시대가 강화된 때가 철도의 역사와 시기적으로 맞물려 있습니다.

미국도 1776년 독립을 선언하기 전까지는 13개 식민지 시대였던 적이 있었습니다.

1825년 9월 세계 최초의 공공철도가 영국 스톡톤과 다링톤 사이의 40km 구간에 놓여진 시기 이전이어서 공교롭게도 식민지시대와 철도시대가 엇갈린 유일한 예입니다.

하지만 독립미국이 인디언 토착민을 상대로 서부개척시대를 열어 갈 때, 권총과 말 그리고 철도의 건설이 그 역할을 했습니다.

19세기는 바야흐로 철도교통의 시대라고 할 만큼 철도가 눈부시게 성장했는데, 1869년 5월 유타주 프로몬토리 서밋에서 마침대 대륙횡단철도 연결식이 거행되었습니다.

영국에서 세계 최초의 공공철도가 만든지 불과 44년 만에 대서양 너머 독립미국이 캘로포니아까지 아메리카 북부대륙을 횡단하는 선로공사가 완공되었다는 점은 기차 궤적성이 얼마나 중요한 역할을 하는 기반시설이었는지를 웅변적으로 보여주는 대목입니다.

1861년 4월 12일에 발발하여 1865년 4월 9일에 끝난 미국의 남북전쟁 직후 미국 대륙횡단철도가 완공되었고, 남북전쟁에서도 북부군은 남부군에 비해 상대적으로 촘촘한 철도망으로 수월한 군수 보급을 뒷받침하여 남부군으로부터 결국 항복을 받아내었다고 평가될 정도로 철도의 중요성이 나타났었습니다.

철도가 건설되는 노선 인근에는 환락가도 생기는 단점도 있었지만 도시가 생기는 장점도 있었습니다.

우리나라 철도 역사를 살펴보면, 대한제국 시기였던 1899년 9월 18일에 경인선이 개통된 게 처음입니다. 그리고 일본 자본의 회사인 경부철도주식회사에 의해 1901년 8월 20일에 서울 영등포와 다음날 9월 21일에 부산 초량에서 거의 동시에 기공되어 4년 후인 1904년 12월 27일 경부선 기차 철도가 완공되었습니다. 그 해 1904년 대한제국은 호남선 착수를 시도하였으나 일본 자본 회사의 소극적인 자세로 물거품이 되었고 1914년에 이르러 목포와 대전을 잇는 철도가 개통되었습니다.

이 10년의 간격으로 인해, 당시만 해도 농업 국가였기에 농지가 많은 호남의 부가 농업기반의 강점으로 상대적으로 풍족하였으나 농지보다는 산지가 많은 영남에게 장기적인 부 우월성을 유지하지 못하게 됩니다.

그만큼 철도의 역사가 중요하다는 걸 반증하게 됩니다.

미국과 한국 철도 역사 사례가 보여주듯이, 철도의 건설은 산업경제의 예측가능성과 정형성을 높여줌을 시사합니다.

정해진 강철선로를 따라 쇠바퀴가 굴러가기에 불필요한 곳에 서지 않고 계속 정해진 속도로 주행을 하며 도착시간을 예상할 수 있게 만듭니다.

당시 서부에 산재한 인디언들의 영토에는 수족 · 샤이엔족 · 아라파호족들이 여전히 거주하고 있었고 과거 오랫동안 백인들에게 괴롭힘을 당했고 많은 피를 흘렸기 때문에, 백인들의 마차행렬은 보복의 대상이었습니다.

미국 링컨 대통령은 남북전쟁 중임에도 불구하고 전쟁이 끝나면 미국 동서 통합을 위해 그 수단이 대륙횡단철도라는 사실을 인식했기에, 전쟁 중인 1862년에 철도법에 서명했습니다.

1912년 경에 디젤 기관차가 등장해도, 1804년 만들어진 궤도용 증기 기관차의 원리는 2차 세계대전 때까지 철도망의 신장과 함께 철도운송의 중추 역할을 했습니다.

레일·침목·도상 등으로 구성되는 정해진 궤도에서 만들어내는 철도운송은 그 예측가능성으로 인해, 지금은 화물차 등에게 화물운송 역할 대부분을 빼앗겼으나 도시 지하철 및 유럽 대륙을 고속으로 횡단하는 유레일 열차 등에서 볼 수 있듯이 여전히 중요한 여객 운송수단입니다.

다만 궤도를 통한 접점의 예측가능성과 더불어 건설·유지관리 등의 경제성을 함께 풀어가야 할 숙제를 점차 안게 되었습니다.

06
비행기

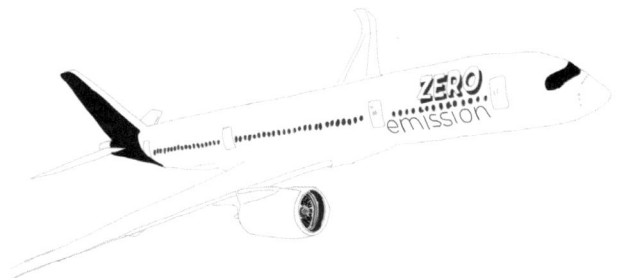

공중을 날아다니는 비행기 중에서 민간 항공기를 타다 죽을 확률은 자동차나 기차보다 낮다는 게 통계적으로 나타나고 있습니다.

2020년 매사추세츠 공과대학 아널드 바넷 박사의 조사에 따르면, 자동차는 사망확률이 1만4000분의 1이고 기차는 100만분의 1이며 민간 항공기 사망 확률은 700만분의 1에 그칩니다.

그리고 탑승객당 사망자 수는 10년 마다 2배씩 감소하는 것으로 조사됐습니다.

비행기가 착륙하는 순간 기체가 흔들린다는 점을 제외하고는 에어쇼에서 발생하는 비행기 간 충돌 사고가 공중 민간항공노선에서 일어나기가 사실상 불가능합니다.

마의 삼각지대라 불리는 플로리다와 버뮤다 · 푸에르토리코를 잇는 대서양의 버뮤다 삼각지대(Bermuda Triangle) 이야기는 미 공군의 어뢰투하 공격기 편대 5기가 훈련비행 중 사라지고 수색에 나선 해군 구조함마저 13명의 승조원과 함께 실종되는 사건에서 시작되는데, 1945년의 이야기였습니다.

화물선은 이 구역에서 2015년 침몰된 적이 있으나, 1980년대 이후에 비행기가 여기서 사라진 적은 지금까지 없습니다.

민간 항공사들은 보잉사와 에어버스를 운송 수단으로 이용하는데, 이 항공기제작사가 항공기에 장착하는 엔진은 제너럴일렉트릭(GE)과 플랫앤휘트니(P&W), 롤스로이스, 제너럴일렉트릭(GE)가 생산하는 엔진입니다.

가령 대한항공이 운용 중인 항공기에 장착한 엔진은 제너럴일렉트릭(GE)과 플랫앤휘트니(P&W) 엔진입니다. 현재 미군 주력 스텔스 전투기 F-22에는 추력편향노즐을 갖춘 플랫앤휘트니(P&W) F119엔진이 장착되어 있을 정도로 민간항공기 엔진은 우주 공학에 육박할 정도로 우수합니다.

대형 여객기에 사용되는 제트엔진은 '공기 흡입' 제트 엔진 방식인데, 회전하는 팬 블레이드를 통해 연료를 태울 수 있도록 산소를 흡입하고 압축하게 됩니다.

충분히 압축한 뒤 점화시키면, 고온·고압의 고밀도 공기가 터빈을 빠른 속도로 회전시키며 이 과정에서 추진력이라는 에너지를 발생시키는 ① 흡기- ② 압축 - ③ 연소- ④ 배기 과정의 원리입니다.

「접점의 압축과 폭발」은 오늘날에는 한층 강력하고 효율적인 터보팬 엔진의 등장으로 막대한 양의 공기를 빨아들이고, 상대적으로 적은 양의 공기로도 큰 추진력을 만들며 효율이 극대화된 상태입니다.

군사적으로는 극초음속 전투기에서도 이용되는 제트엔진은 초음속 비행으로 발생하는 충격파를 이용해 공기를 압축시켜 연료를 연소하는 수준까지 설계되고 있습니다.

저공 저속에서의 효율이 매우 낮다는 단점을 가진 제트엔진 기본 특성을 제외하고는 외부 물질에 의해 손상될 가능성은 터보팬의 팬 블레이드(회전날개)를 넓게 하면서 그 위험이 줄어들고 있고 탄소섬유 등 소재의 발달도 도움을 주고 있습니다.

대형 민간 항공기의 경우 엔진 하나가 고장 나더라도 다른 한 쪽에 의해 양력과 추력력을 유지하며 비행이 가능하도록 설계되어 있어 비상시에 근처 공항에 착륙할 수도 있습니다.

미국의 라이트 형제가 1903년 12월 17일에 인류 최초의 비행을 할 때만 해도 양력에만 철저하게 의존했었습니다. 이론적으로는 레오나르도 다빈치(Leonardo da vinci, 1452~1519)가 비행에 대한 기초적인 이론과 형태를 최초로 문서화했습니다. 레오나르도 다빈치는 새가 하늘을 나는 원리를 연구하여, 새가 자기의 무게를 받쳐줄 수 있을 정도로 충분한 공기의 밀도 층 위에서는 뜨게 된다는 양력의 존재를 깨달았습니다. 레오나르도 다빈치는 새 중에서 박쥐의 날개를 모델로 한 '오니토퍼(Ornithoper : 날개치기)'를 설계하였는데, 인간이 기계적인 날개를 퍼덕임으로써 무게를 받쳐주면 하늘을 비행할 수 있을 것으로 예상했습니다.

최초의 원리를 구상했다는 점에서 시대를 앞선 그의 천재성에 놀라게 되는데, 프로펠러를 이용한 항공기는, 형태는 새의 날개와 사뭇 다르지만 기계적인 움직임이라는 측면에서는 다빈치의 맥락 연장선 위가 되겠습니다.

굳이 아쉬운 점이 있다면 '접점'의 관점에서 공기를 접근하지는 못했다는 점인데, 프로펠러가 필요없는 새로운 유형의 항공기 엔진은 이 관점과 관련한 새로운 세계를 열어줍니다.

터보 제트 개념의 타당성을 프랭크 위틀(Frank Whittle)에 의해 입증한 1937년은 공중에 보이지 않는 무한한 공기들을 빨아들여 압축하여 연소 및 배기하는 형식으로 접점을 활용하는 새로운 원년의 시작이라고 평가되겠습니다.

접점을 찾는 우리의 여정 입장에서는, 나비와 항공기가 비행에 있어서는 전혀 다른 원리에 의존하고 있다는 점이 흥미롭습니다.

영국 케임브리지大 동물학자인 찰스 엘링턴에 의하면, 나비의 날개짓이 양 날개 바로 아래에 실린더같은 공기기둥을 만들어냄으로써 부력을 얻을 수 있다는 '공기기둥'형성설로 나비 비행의 원리를 설명하고 있습니다.

반면 비행기는 주로 날개위에 형성되는 와류(渦流)효과로 날개위쪽의 공기속도가 아래쪽보다 더 빨라 날개 윗부분의 기압이 낮아져 날게됩니다.

나비나 비행기나 부력을 얻어 나는 것은 똑같지만 나비는 날개 아래쪽에서 부력을 얻는 반면 비행기는 날개 위쪽의 상대적 낮은 기압에서 부력을 얻는 차이점은, 비행에 있어서 접점은 꼭 한편으로만 봐서는 안 된다는 걸 보여줍니다.

인간이 만든 비행기 날개는 주변을 흐르는 공기에 대하여 연직 방향으로 힘을 가하면서 이에 대한 반작용으로 날개와 꺾인 공기는 작용 반작용 법칙인 뉴턴의 제3법칙에 의해 상호작용을 하여 비행기를 공중으로 띄우는 힘인 양력을 발생하는데, 나비에게는 비행기의 한 쌍 날개와 달리 두 쌍의 날개이고 나비가 만드는 미세한 소용돌이로 비행력을 얻습니다.

나비가 나는 소리 들어보셨는지요?
벌이나 모기, 파리가 날 땐 귓가에 '앵~' 하는 소리가 납니다. 벌의 경우 1초에 190회가량 빠르게 날갯짓하는데 바로 그 소리입니다.

반면 나비가 날아다닐 땐 초당 10~12회 정도만 펄럭거려 인간의 귀에는 사실상 소리도 들리지 않습니다.

인류는 예로부터 새처럼 하늘을 날고 싶어 새의 날개를 흉내내어 비행을 모방해서 지금의 비행기를 만들었지만, 아직 나비처럼 우아하게 나는 비행술은 모방하지 못하고 있습니다.

이런 측면에서 16세기 초 레오나르도 다빈치가 새가 하늘을 나는 원리를 보며 꿈을 꾸어 베루누이 원리가 상업화되었듯이, 미래 하늘을 나는 인류의 접점은 나비의 현란한 비행 원리를 꿈꾸며 새로운 원리에서 찾을 지도 모르겠습니다.

하나의 공간에서 유체의 속도가 빨라지면 압력은 낮아지고 속도가 느려지면 압력은 높아지는 게 베르누이(Bernoulli) 이론이라면, 미래의 새로운 비행 이론은 지면에서 이륙하는 나비의 날갯짓에서 찾지 않을까요?

07
헬레콥터

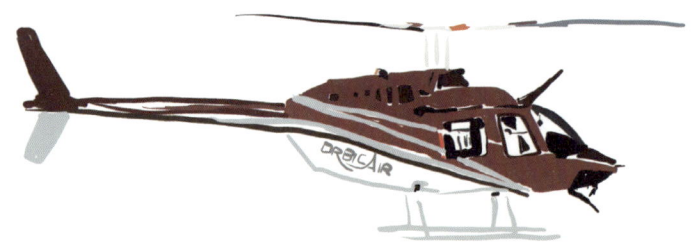

이탈리아의 천재 예술가 레오나르도 다빈치의 이야기가 헬리콥터의 기원에 또 나옵니다. 역사를 거슬러 올라가면 1483년 나사의 원리를 이용해 수직상승할 수 있는 헬리콥터의 원리를 스케치한 그의 그림이 나타나기 때문입니다.

이러한 이상을 현실로 헬리콥터의 형태로 실용화한 때는 1937년으로 독일의 하인리히 포케가 오토자이로를 개조하여 두 개의 병렬형 회전날개를 가진 헬리콥터를 만들었고, 같은 해 안톤 플레트너(Anton Flettner)는 다음과 같은 동축반전로터 방식의 최초 헬리콥터를 만들었습니다.

안톤은 나사의 원리를 이용하여 서로 반대로 도는 방향의 로터블레이드(회전날개)를 하나의 축에 연결하는 동축반전로터를 통해 날개를 회전시킵니다. 반동을 억제하면서 모든 엔진의 힘을 뜨는 데 쓸 수 있는 방식인 동축 반전 로터는 두 로터를 기어 등을 이용하여 서로 반대 방향으로 돌리는 방식이라는 측면에서 2개의 접점을 서로 반대 방향으로 동시에 운동시키는 '작용과 반작용의 동시 공존' 모형이라는 측면에서 놀랍습니다.

구조적으로는 아래쪽 로터의 축을 속을 비운 파이프 형태로 만들고, 그 안으로 위쪽 로터의 축이 통과하도록 만들어서 서로 반대방향으로 돌립니다.

긴 활주로를 이용하지 않고 수직 이착륙이 가능한 헬리콥터가 실제로는 로터의 움직임과 반대로 본체가 역회전하려는 이탈을 하나의 축에 두 개의 로터를 반대 방향으로 돌리며 통제시키겠다는 기계적 발상은, 철학이나 수학 등에서는 생각하지 못한 접점의 새로운 해석이 되겠습니다.

작용과 반작용의 법칙에 의해 로터가 도는 만큼 동체도 반대 방향으로 스핀을 도는 에러를 막기 위해 이 외에도 다양한 방식으로 제자리 비행(호버링)의 고유목적을 가진 헬리콥터에 다음과 같이 적용됩니다.

◎ **직렬로터(=탠덤로터)** : 반대 방향으로 도는 두 개의 로터블레이드가 헬리콥터 본체 전후에 배치되어 있는 구조(43페이지 오른쪽 그림)

◎ **병렬로터** : 사이드 바이 사이드(Side by Side) 로터는 현재는 세계 최대 크기 헬리콥터 V-12 해머에서 볼 수 있는데, 거대한 헬리콥터 본체 양 반대 방향으로 도는 두 개의 로터를 좌우에 두는 구조

◎ **교차반전로터** : 직전에 설명한 병렬 로터식처럼 좌우로 두 개의 로터블레이드가 있으나 2개의 로터가 겹치지 않도록 멀리 위치해있었다면, 교차반전식은 가까이 배치하면서도 바깥쪽으로 살짝 기울어진 두 개의 로터가 교차로 반대 방향으로 회전하면서 상호 충돌을 피하는 구조.

◎ **꼬리(Tail 테일)로터** : 현재 가장 널리 사용되는 방식으로 헬리콥터 본체 상단 위의 메인 로터블레이드가 하나 있고 동체 꼬리부분에 메인과는 각도가 다르게 수직으로 작은 로터를 설치한 구조.

◎ **노타르(Notar)** : 아예 꼬리회전날개를 없애고 그 대신 그 자리에 압축공기 분사구를 설치해 테일로터가 하는 일을 대신하는 구조.

이 중에서 설계가 가장 간단한 방식은 러시아계 미국인인 시코르스키가 만든 꼬리(Tail 테일)로터인데, 전쟁 때는 '이 꼬리 부문을 총으로 쏴라'는 공격지침이 있을 정도로 이 부분이 고장나거나 상실될 때 기체 전체가 통제력을 상실하게 됩니다.

지금은 잘 사용되지 않지만 역사적으로 가장 먼저 등장한 방법인 같은 축에 서로 반전하는 실제 구동축을 위와 아래에 동시에 연결하는 방식(아래 좌 그림)은, 접점을 찾고 그 시사점을 전략가적 관점에서 활용하려는 우리의 여정에 있어 매우 중요한 사례로 평가되겠습니다.

동축반전로터(좌)와 직렬로터(우) 예시

08
우주선

우주선의 역사를 알기 위해서는 지구와 다른 우주의 경계를 어디로 보느냐에 대한 정의부터 시작합니다.
물론 지구도 우주의 일원이지만, 여기서 말하는 우주는 '지구 외의 우주'로 명확하게 정의되기 때문입니다.

미국 주도의 우주선 탐사 경쟁 시대의 시작은 미국이 아니라 소련이었습니다.

1957년 10월 4일 원형의 지구 저궤도로 발사한 최초의 인공위성인 푸트니크 1호 크기는 불과 농구공 두 배 정도가 안되는 58센티미터 지름이었고, 발사에 사용된 로켓은 R-7 로켓이었습니다.

우리가 주목하고자 하는 부분 지구 대기권을 벗어나 위성을 운반했던 R-7 로켓입니다.

세계 최초의 대륙간 탄도미사일이죠.

2단 탄두로 높이는 34.22미터에 달하는데 메인 1단은 액체산소와 등유 연료를 이용하여 불과 301초 연소되고 이후 2단은 같은 연료로 365초 연소되며 발사장 건설 비용도 막대하게 들 정도였습니다.

접점 관점에서 대기권을 벗어날 강력한 반작용을 견디어낼 기반을 가진 탄탄한 발사장의 건설에만 당시 소련연방의 방위 예산의 5%에 달하는 5억 루블이 투입되었습니다.

불과 58센티미터의 알리미늄 구를 22일 동안 지구 저궤도를 돌아가게 하는데 필요한 발사체와 발사대의 당시 규모는 우리의 일반적인 상상을 뛰어넘는 수준입니다.

통상 지구 해수면에서부터 해발고도 1,000km 정도 높이까지의 영역을 대기권이라고 정의합니다.

이 대기권은 특성에 따라 지표면에서부터 대류권 · 성층권 · 중간권 · 열권 · 외기권의 다섯 층으로 나누어집니다.

① 대류권 : 지표면에 가장 인접한 층으로 지표면의 복사열에 의해 가열되어 고도가 높아질수록 온도는 낮아지며 전체 대기 질량의 약 80%가 모인 곳입니다. (극지방에서는 지표면으로부터 7-8 km 정도까지의 영역이며, 적도지방에서는 18 km 영역)

② 성층권 : 기온은 첫 번째층인 대류권와 달리 거의 일정하면서 그 중간 약 20~25km에 오존(O_3)층이 태양 자외선을 흡수함에 따라 가열되면서 고도가 높아질수록 온도가 높아지는데 이에 따라 높은 온도의 공기가 위에 있어 안정된 열역학 원리가 적용되어 상업용 비행기 고도인 12km내외가 바로 이 층입니다. (지표면으로부터 50km 정도까지의 영역.)

③ 중간권 : 여기서는 대류권처럼 고도가 올라갈수록 온도가 감소하며 기상현상은 거의 없습니다. (지표면으로부터 50km에서 80km까지의 영역)

④ 열권 : 다시 올라갈수록 기온이 상승하는데 강력한 태양풍을 직접 맞는 전리층의 특성을 가져 전파를 반사하는 반사 현상이 나타나 이를 이용하여 원거리 무선통신 가능 영역입니다. (지표면 80km에서 500-1000 km까지의 영역)

⑤ 외기권 : 지구 대기가 우주 공간과 접하는 최고 바깥 영역으로, 수소와 헬륨만 희박하게 있는 곳입니다. (지표면 500~1000km에서 대략 10,000km 영역)

위에서 살펴본 대기권 5개 영역 중에서 원거리 무선통신 가능영역인 ④ 열권에 진입하여 농구공을 내려놓기 위해서 필요한 에너지를 뿜어내는 발사체와 발사대의 단단한 기반이 만들어내는 접점의 작용과 반작용 기반 확충에 드는 구조이야기였습니다.

장거리 미사일인 대륙간 탄도 미사일(ICBM)의 경우 대륙을 넘어 갈 정도로 유효 사거리가 5,500킬로미터 이상의 여정을 날아갈 정도로, 현대에는 이러한 기술이 북한도 이동발사대를 이용하여 현실화할 정도로 접점 기반 역할을 하는 발사대 건설비용이 60년 전보다 낮아졌습니다.

이 말은 지구 지표면에서 한 곳에 에너지 접점을 반작용으로 쏘아 올리는 접근 가능성의 상대적인 접근 가능이 과거보다 높아지고 있음을 의미하겠습니다.

ICBM이 발사 추진체의 연소 이후에는 대기권 밖 비행은 추가적인 에너지 없이 관성에 의한 운동에너지에 의존하여 날고 탄두만 다시 대기권에 재진입하며 유도조종 장치를 통해 표적을 맞히도록 유도탄의 비행경로를 수정하기 위한 유도명령만 산출하여 내리는 구조라는 점에서 고정발사대이든 이동발사대이든 발사시작점이라는 단일 접점이 의미하는 바가 커 보입니다.

09
달

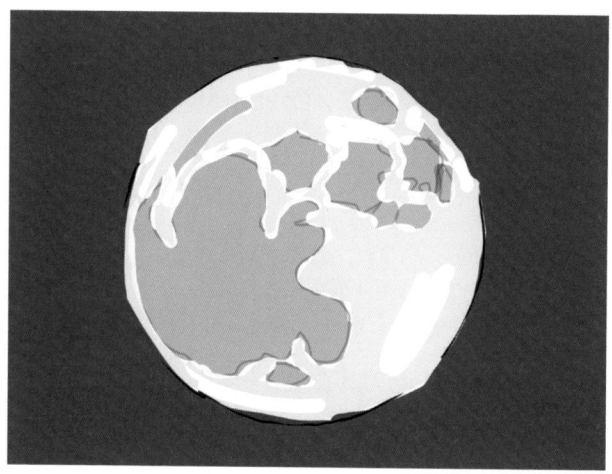

지금부터 달을 위성의 측면에서 접점의 위치를 찾아보겠습니다.
달에 살고 있다는 전설 속의 토끼 '옥토끼' 설화 속에서 달이 보여주는 접점의 시사점이 잘 표현되고 있습니다.
달나라에 떡방아 찧는 토끼의 유래는 이천여 년 전 중국 전한 시대 학자 유향(劉向)이 쓴 오경통의(五經通義)에 나옵니다.

「달 중심에 한 마리 토끼가 있는데, 이를 '옥토끼'라 부른다. 밤에 달빛이 넓은 천공을 비치면, 토끼는 절구를 들고 부지런히 약을 찧는다. 세상 사람에게 행복이 내리는 것은 이 토끼가 열심히 약을 찧기 때문이다. 다음날 해가 질 때면 다시 일어나 또 약을 찧는다.」

달은 지구의 위성으로 지구를 음력 달력 기준으로 약 한 달에 한 바퀴씩 도는 운동 궤적을 가지고 있습니다. 지구에서 달은 항상 같은 면만을 볼 수 있어 자전운동은 안하는 것처럼 보이지만 사실은 공전과 더불어 자전운동도 합니다. 이 자전의 속도가 공전주기와 1대1로 동일해서 항상 같은 면만을 지구인들에게 보여줄 뿐인데, 천체학에서는 '동기궤도(synchronous orbit)'라는 용어를 사용합니다.

지구의 인간 입장에서는 달과 대화하는 접점 면이 고정되어 있는 셈입니다.
달이 한 쪽면만을 지구에 지속적으로 보여주기 때문에, 보름달일 때는 절구를 든 옥토끼를 구름만 없다면 항상 볼 수 있고 초승달이 되는 과정에서도 퍼즐처럼 그 모습에 대해 일부분을 볼 수 있게 됩니다.

물리적으로는 지구는 중력과 조수간만의 차이가 만드는 조력으로 달을 붙잡고 있습니다, 재미있는 점은 달은 사실은 완전한 구형이 아니고 타원형인데 지구에서 구형처럼 보이는 이유는 타원형의 긴축이 지구를 향해 정렬해 있어, 육안으로 알 수 없을 뿐이었습니다.

쉽게 비유하면 타원형인 럭비공을 우리가 매일 밤 보는데 럭비공의 긴 축이 우리를 향해 정렬해 있어, 우리는 저 럭비공이 둥근 축구공과 유사하다고 느낀다고 비유됩니다. 이를 통해 보이는 접점을 가지고 온전한 전체를 속단해서 모양을 단언적으로 그리는 것은 오류에 빠질 수 있다는 교훈을 배울 수 있습니다.

우리가 학창시절 문방구 천체망원경으로 또는 망원경으로 달 표면을 본 적이 한 번쯤은 있을 것입니다. 분화구도 보이고 작은 혹도 보이는데요, 이 혹은 지구의 밀물과 썰물 현상으로 인해 인력이 강해지면서 생겼고 달의 회전 운동 입장에서 지구의 위치가 달라지면 이 혹의 위치도 그에 따라 이동합니다.

지구에서 바라보이는 달의 접점면 표피 내부에서는 구성물질이 으깨지고 변형이 가해지며 팽창과 수축이 반복되고 마찰력이 커지는, 물리학 용어로는 '산일과정(dissipative process)'이라고 불리는 과정이 진행됩니다.

지금으로부터 2,000여년 전에 오경통의에서 기술한 달 토끼의 방아질은 결코 황당한 이야기가 아니며 물리학적인 용어인 '산일과정(dissipative process)'을 쓰지 않았을 뿐, 지구에 의하여 내부에서 일어나는 팽창과 수축 그리고 그 결과로 나타나는 달 표면 혹의 이동을 놀랍게도 하나도 빠짐없이 비유해 주고 있는 점에 놀라게 됩니다.

달 토끼와 더불어 계수나무 이야기도 설화로 나타나는데, 중국의 오강(吳剛)이라는 사람이 계수나무를 도끼로 찍을 때마다 상처 난 나무 부위에서는 새 살이 돋아 그의 도끼질은 지속되었다는 이야기도 그 예입니다.

우리나라 청양지방 민요에는 '달 속에 박혀 있는 계수나무를 옥도끼로 찍어 내고…'라는 가사도 나오는데, 달 속에서 옥토끼가 약방아를 찧는 순환 운동이 있는 이야기는 ① 접점의 일관성과 ② 지구의 조수간만이 만들어내는 달 내부의 산일과정에 대한 고대 아시아의 물리학적 표현인 셈입니다.

10
지구

"철학자 데카르트는 '인간은 생각할 수 있는 존재이므로 인간이 만물의 영장'이라고 했는데, 영어로 된 문장을 보면 만물의 영장을 lord of all things(=모든 것들의 왕) 또는 lord of all creation(=모든 창조물들의 왕)으로 표현되고 있어 한자 영장(靈長)과 다소 뉘앙스가 다릅니다.

영어 표현은 신의 창조물들 중에서 가장 우두머리라는 서양식 또는 기독교적 세계관이라고 한다면, 한자의 뜻은 인간이 고귀한 영성을 지닌 존재이기 때문이라는 뉘앙스가 있고 여기서 영성은 종교가 있고 없음과 무관하다고 해석할 수 있습니다.

현 시점 기준 세계 인구가 80억명인데, 우리의 접점을 찾는 여정에서는 다음과 같은 2가지 전제를 기본적으로 설정하고 출발하고자 합니다.

인간 개개인 모두가 자신의 생존을 위해서는 이기주의 측면에서 '동물은 영혼이 없는 기계와 같아 고통을 느낄 수 없다'는 데카르트의 사고방식에는 동의하지 않더라도 나 자신은 영장이라고 가정할 수 밖에 없습니다.

그런데 나 자신 외에 다른 사람들은 현재 기준으로 80억명이고 과거 생존하셨던 분들까지 포함하면 족히 200억명도 넘을 거 같은데, 이 중 나 외에 누구를 통하여 접점을 찾아야할까요?

다음과 같이 6가지로 요약되겠습니다.

첫째, 사람은 환경에 따라 변하기 마련이므로, 특정한 한 사람을 장기간 지속적으로 맹신하여 접점을 찾으려면 오류가 발생할 수 있다.

둘째, 자연도 우리에게 많은 메시지들을 주고 때로는 강렬하게 주기도 하지만, 결국 이러한 경우도 나 자신이 받아들이는 과정에서 자신의 주관에 의한 해석이 가미되므로 결국 '나의 생각'이다. 따라서 자연 자체에서 접점을 찾는 시도는 우리의 접점을 찾는 여정에서 제외할 것이다.

셋째, 특정 분야에 스스로 흥미가 매우 많다면 그 분야에서 선구자적이거나 대표적인 인물을 벤치마크하며 접점을 찾을 수 있다. 가령 피아노 연주에 흥미가 높아 손열음 피아니스트를 벤치마크하거나 아름다움에 흥미가 높아 대표적 미인인 클레오파트라나 마릴린먼로 등에서 벤치마크할 수는 있다. 그러나 그렇다고 피아노 연주나 아름다움 외의 다른 일반적인 가치관까지 그녀들에게서 접점을 찾다가는 오류가 발생할 수 있다.

넷째, 권력을 잡고 있는 '살아있는 권력' 인물들 중에서 접점을 찾게 될 경우 오류 발생 빈도가 높아질 수 있다. 왜냐하면 각종 미디어들이 생존을 위해 그들을 포장하여 미화할 가능성이 있고 비판을 하는 미디어도 쟁점 이슈이므로 클릭 수 또는 시청률을 높이기 위해 이야기를 하는 경우가 생기므로, 이야기의 톤이 좋든 나쁘든 다 권력의 부산물이기 때문이다.

다섯째, 오히려 핍박을 받고 있는 인물 또는 대중의 관심으로 화두에 오르내리지는 못하나 잠재적 바탕과 자질이 있는 '저평가된 인물'들 중에서 접점을 찾는 경우 오류가 확연하게 줄어들 수 있다. 다만 이들이 어느 날 스포트라이트를 받게 되어 핫이슈가 되는 순간 다음부터는 접점을 이들로부터 다른 '저평가된 인물'로 옮겨가는 접근이 유리할 수 있다.

여섯째, 가족은 돌보거나 도움을 받거나 책임을 져야하는 중요한 생활 기본단위임에는 분명하나 우리가 찾는 접점의 대상은 아닐 수 있습니다. 팔이 안으로 굽는 인간의 기본적인 본능이 발휘되어 가치관이나 생각마

저 굽을 수 있기에 그렇습니다.

45억년의 역사를 가진 지구에서 생명체가 존재하기 시작한 역사는 30억년이고, 이후 고생대·중생대·신생대로 생물 기준으로 나눌 수 있고 이 신생대는 지질시대에서 6500만 년밖에 안 되는 짧은 시대입니다. 분류학적 용어로서 유인원은 인류를 포함하는데, 현생인류는 후기 구석기시대의 문화를 이룩하였습니다.

후기 구석기 시대는 약 4만 전부터 기원전 7000~9000년으로 농경이 시작되기 이전 단계인데, 이 시기 중 1만 2900년 전 찾아온 신생대 마지막 빙하기를 견디어 내었습니다.

이러한 인류 족보 흐름에서 느낄 수 있는 점은 2023년에만 유효한 잣대로 나 외의 다른 접점을 찾는 게 얼마나 큰 오류가 발생할지 예상할 수 없다는 점입니다.

2023년은 유투브 등을 통해 말만 잘해서 밥 먹고 사는 시대이지만, 지구와 긴 역사와 상대적으로 매우 짧은 현생 인류의 역사는 '땀 흘리며 일하는 자' 그리고 '시련을 견디어 내는 자'로부터 접점을 찾아야 됨을 웅변적으로 이야기해주고 있습니다.

11
태양

자체적으로 빛을 발산하는 별인 태양은 고대 이집트 제5왕조 때부터 주신으로 숭배받아 라(Ra, Rah, Ré)라고 불리워졌습니다. 벽화에서 라는 매의 머리로 코브라가 태양을 둘러싼 모양의 왕관을 쓰고 있는데, 파라오를 보호하고 왕권을 상징하였기에 점차 라에 대한 숭배의식은 강해져 국왕들은 스스로 '라의 아들'로 자처했습니다.

접점을 찾는 우리의 여정에서는 라는 매일 아침 어린이의 모습으로 태어난다는 설을 주목하고자 합니다.

그는 낮 열두 시까지는 성인이 되었다가 점차 노인이 되어 밤에는 죽는다는 이야기로 '정오의 태양신'이 최고신이 됩니다.

이러한 접근은 ① 하루하루를 최선을 다하며 살자는 메시지와 더불어 ② 접점이 매일 새롭게 형성될 수 있다는 메시지로 해석이 가능합니다.

우리가 일상생활을 하면서 힘든 일을 겪거나 좌절이 있을 때 겪는 당일에는 마치 세상이 끝날 것만 같은 절망감에 사로잡히며 힘들게 잠이 드는데, 다음날 아침에 놀랍게도 어제보다 사뭇 다른 생존감을 느끼며 마음을 다지는 경우를 겪게 됩니다.

이는 어제 자신과 세상을 연결하는 접점이 어제만 그런 모습이었고 새로운 태양이 뜨는 오늘은 자신과 세상을 연결하는 접점이 어제와 다를 수 있다는 걸 말해줍니다.

태양신 아툼을 중심으로 하는 "헬리오폴리스 창세 신화"가 완성된 시기는 고왕국 시대인 3~4왕조로 추정되고 있는데, 헬리오 폴리스란 '태양의 도시'라는 뜻입니다.

태초의 세계에는 오직 '눈(Nun)'이라고 하는 '물의 상태'만이 존재하였는데, 때때로 나일강과 동일시되기도 하는 이 '눈'으로부터 아툼(Atom)이 탄생하는데, 아툼은 태양신 라와 동일시되기도 합니다.

현대 천체물리학에서 별의 탄생 이전에 하나의 점에서 빅뱅이라는 큰 폭발이 나타나며 이후 별이 탄생하기 직전까지의 별을 '원시성'으로 구분하고 가스와 먼지로 이루어진 구름에서 별 탄생 출발점을 찾고 있는데, 위에서 살펴본 '눈(Nun)'이라고 하는 상태와 재미있는 비교가 가능해집니다.

원시성과 별이 탄생되어 핵융합을 하기 바로 직전 상태 사이의 단계를 '전주계열'이라고 부르고, 별이 정역학적 평형 상태에 이르러 중심에서 핵융합이 일어나는 동안의 단계를 주계열이라 칭합니다.

헬리오폴리스 창세 신화에 나오는 아톰(Atom)이 원자의 영어단어로 현재 사용되고 있습니다. 이 원자는 핵과 전자로 이루어져 있고 별 일생의 대부분을 보내는 핵융합(Nuclear fusion)은 고에너지 플라즈마 상태에서 원자핵들이 융합되어 더 무거운 원자핵이 되는 반응을 일컫는다는 점에서 이 신화에 대해 선지자적 시각 접점이 내재되어 있다는 게 흥미롭습니다.

이 신화는 토막 난 시체조각을 모아 오시리스를 원래 모습으로 회복 시킨 후 생명을 불어넣는 의식을 거행하여 사자(死者)의 왕으로 부활시키며 마무리됩니다. 아톰 라는 스스로의 수정작용으로 슈(Shu)와 테프누트(Tefnut)를 낳고 이 둘이 다시 결합하여 대지의 신 게브(Geb: 또는 세브)와 하늘의 여신 누트(Nut)를 얻고 게브와 누트가 결합하여 오시리스, 이시스, 세트, 네프티스를 낳았는데 그 중에 오시리스가 결국

사자(死者)의 왕으로 부활한다는 대순환이 나타납니다.

　별의 최후는 크게 3가지의 형태로 나뉘어지는데, 백색왜성, 중성자별, 그리고 블랙홀이 바로 그것입니다. 중심부 질량이 태양의 3배 이상인 별들은 강력한 중력으로 인해 중심부의 부피가 계속 감소하게 되어 최종적으로 중심부에서 블랙홀이 형성되는데, 블랙홀은 빛도 빨아들인다는 점에서 태양신의 후손 격인 오시리스가 사자(死者)의 왕으로 부활하는 이야기의 고대 버전이 되겠습니다.

　오시리스와 이시스의 아들 호루스는 성장하여 마침내 세트를 물리치고 이집트의 왕위에 오르는데, 고대 이집트인들은 이 호루스가 이집트의 왕 파라오라고 믿었고 파라오가 죽으면 저승에 가서 '죽은자들의 왕' 오시리스가 된다고 여겼습니다. 마치 별의 일생인 「원시성→전주계열→주계열→후주계열」이라는 동일한 진화 단계를 보는 거 같은 고대 신화 및 현대 과학이 만들어내는 싱크로나이즈 같은 접점의 일치를 보는 느낌입니다.

12
우주

칠월칠석이 유래하는 견우와 직녀 설화 속에서 우주가 보여주는 접점의 시사점이 잘 표현되고 있습니다.

'견우와 직녀 설화는 하느님의 손녀인 직녀와 사랑에 빠진 목동 견우의 이야기이죠. 둘 간에 알콩달콩 사랑을 키워 나가느라 서로가 맡은 일들을 게을리 하게 되고, 이에 분노한 하느님이 은하수를 사이에 두고 둘을 하늘의 동쪽 끝, 서쪽 끝으로 귀양을 보냅니다. 하느님은 7월 7일 칠석날 하루만 둘을 만날 수 있게 했는데 은하수에는 다리가 없어 이를 건널 길이 없기에 강가에서 멀리서 서로 바라보며 눈물만 짓습니다.

견우와 직녀가 이리도 하염없이 울다 보니 그 눈물이 비가 되어 지상에 홍수가 날 지경이 되자 지상에서 살고 있는 까마귀와 까치가 하늘로 올라가 은하수에 다리를 놓는데 이것이 오작교입니다. 이 날 저녁에 비가 오면 두 사람이 흘리는 기쁨의 눈물이고, 다음날 동틀 무렵 비가 오면 서로 헤어져야 하는 것을 아쉬워하는 슬픔의 눈물입니다.'

위의 이야기는 『이별』 또는 「헤어짐」이란 단어로 압축 요약됩니다.
그런데 놀랍게도 우주가 그렇습니다.

우주가 어떤 한 점에서부터 탄생한 후 지금까지 팽창하여 오늘의 우주에 이르렀고 그 팽창하는 속도는 가속도가 붙어 더 빠른 속도로 흩어지고 있다는 게 오늘날 천체물리학 표준이론입니다.
우주가 특이점에서 생겨나 지금까지 약 140억년 정도의 시간이 흘렀고 오늘날 관측을 통하여 은하들 사이의 공간이 팽창함으로써 이들 은하들이 여전히 멀어지고 있는 것을 과학적으로 확인할 수 있습니다.

최초로 1929년 미국의 허블(Edwin Powell Hubble)은 실제로 우주가 팽창하고 있다는 것을 발견하였고, 그의 관측에 따르면 은하는 우리로부터 멀어지고 있으며, 더욱이 그 속도는 은하까지의 거리에 비례하고 있었죠.

'우주팽창가속'은 우주가 일정한 속도가 아니라 점점 빠른 속도로 팽창하고 있다는 의미로, 이를 밝혀낸 존스홉킨스大 리스 박사는 2011년 노벨물리학상을 수상한 바 있습니다. 또 미국 항공우주국(NASA)는 2022년 우리 우주가 예상보다 빠르게 팽창하고 있다고 밝혔는데, 우주팽창속도를 측정하는 2가지 방법 중 우주배경복사(CMB)를 측정하는 방식으로 나온 67.5km/s/Mpc(±0.5)보다 9%나 빠른 허블망원경으로 관측한 먼 우주의 후퇴속도 74km/s/Mpc(±0.5)가 최근 30년간의 여러 우주 망원경 데이터 분석 결과치라고 공식적으로 밝혔습니다.

시작이 있으면 끝이 있기 마련입니다.

우주의 종말에 대해서는 그 형태에 대해 여러 가설이 있는데, 가속팽창으로 인한 '열 사망(heat death)' 형태가 유력한 첫 번째 가설입니다. 이러한 관점에서 2020년 영국 '왕립천문학회' 월보에 낸 물리학자 매트 캐플란에 의하면, "은하가 흩어지고 블랙홀이 증발할 것이지만, 우주의 팽창으로 인해 남아 있는 모든 물체들이 서로 멀리 떨어져서 다른 물체가 폭발하는 것을 볼 수는 없을 것이다. 빛이 그처럼 멀리까지 이동한다는 것은 물리적으로도 불가능할 것이기 때문이다"라고 묘사하고 있습니다.

지구 외에 우주에서 우리가 찾는 접점은 '이별'·"흩어짐" 그리고 「외로움」으로 압축되겠습니다.

'푸른 하늘 은하수 하얀 쪽배에 계수나무 한 나무 토끼 한 마리…'로 이어지는 동요 가사에서 토끼는 한 마리였습니다.

CHAPTER 2

강의
대화
만남
비교

사회심리학적
접점

사랑
교육
이별
고통

01
강의

"강의" 의미의 영어단어는 렉처(Lecture)인데, 앞부분의 lect-은 '읽다'라는 뜻을 갖고 있고 뒷부분의 -ure은 '일'이라는 의미입니다.

우리 실생활에서는 주로 대학 강의 같은 특정 주제에 관한 강연을 이야기할 때 쓰이는데 (화가 나서 하는) 잔소리, 설교, 길고 지루한 훈계 등의 뜻도 있습니다.

한국에서 흔히 간과되고 있는 현상은 '강의에 과도하게 노출되어 있다'는 점입니다.

우선 미국을 살펴보면, 미국의 대학 진학률은 코로나19 팬데믹 이후 지난 2020년과 2021년의 2년 동안에도 약 6.5% 줄었습니다. 팬데믹 전과 비교하면 대학에 진학하는 미국 전역의 학생 수는 한해 약 150만 명 감소한 것으로 나와있습니다.

교육 관련 매체 '헤칭거 리포트' 분석에 따르면 미 연방 교육부 산하 국립교육통계센터(NCES) 집계 결과 2020년 기준 미국 전역에서 고등학교 졸업자 가운데 곧바로 대학에 입학한 비율은 63%였고, 아시아로부터 유학생이 적은 지역인 테네시주(州) 고등학교 졸업생들의 대학 진학률은 53%·미시간주와 애리조나주도 각각 절반 이하 수준인 45%, 46%로 나타났으며, 아이다호주는 39%였습니다.

이러한 현상이 나타나는 이유는 4년이라는 시간과 비싼 등록금 등에 대한 회의감이 확산하고 있기 때문인데, '대학을 다니는 것은 가치가 있는 일인가'라는 질문에 살펴봐도 2020년 봄에는 50%가 그렇다고 답했지만, 같은 해 가을 설문에서는 35%로 감소했고, 2021년 가을에는 32%까지 떨어졌습니다.

이러한 질문은 "강의를 수 년간 듣는 것은 가치가 있는 일인가?"라는 질문으로 치환 가능합니다.

한국은 대학진학률이 2001년 최초로 70%를 넘어섰고 2008년을 전후로 역대 최고치인 80%까지 근접했고 2021년 73.7%로 경제협력개발기구(OECD) 최상위권입니다.

2021년에는 독일 대학진학률이 55.8%이고 일본의 대학 진학률은 20년 기준 54.7%였습니다.

US News는 2014년부터 베스트 글로벌 대학 순위를 매년 발표하고 있는데, 13개 지표(세계적 연구 실적 평판 12.5% · 지역 연구 실적 평판 12.5% · 연구 간행물 10% · 서적 2.5% · 컨퍼런스 2.5% · 피인용 보정 지수 10% · 전체 인용 지수 7.5% 등)의 가중치로 매깁니다. 유에스 뉴스는 전 세계 1750개 대학을 대상으로 점수화했고 한국은 1000등 순위 안에 20개 들었습니다. 참고로 국내 대학 수는 2022년 기준 336개입니다.

한국의 대학 강의자들이 연구실적 측면에서 상대적으로 저조하다는 사실은, 익숙한 것은 익숙하게 가르치지만 낯선 것은 애써 외면한다는 걸 의미합니다.

필자는 과거 증권회사 애널리스트였고 활동 당시 가장 시청률이 높았던 '정규재의 출발아침 증시' 중에서도 가장 시청률이 높았던 오전 8시 45분부터 오전 9시 15분까지 출연하는 등 시장의 핫이슈 메이커였고 2002년 '정동희의 투자승부수'라는 주식 책도 낸 바 있습니다.

이러한 과거 경력을 모르는 분들이 간혹 주식투자를 소재로 이야기를 하면, 저는 마치 생소한 이야기를 듣는 것처럼 가만히 경청하곤 합니다.

아무 코멘트 없이 듣기만 하는 이유는 주식투자가 자연과학과 달리 꼭 그렇게 된다는 보장이 없는 확률의 세계이고, 그러한 확률을 높이는 방법들이 여러 개 있는데 혹시 이 분이 하는 이야기가 내가 모르는 접근일 수도 있다는 개연성을 부여하는 차원에서 경청합니다.

오히려 수강생이 강의하거나 아는 척을 할 경우, 한국의 대학 강의자들이 코멘트 자체를 안하는 수준은 아니더라도 최소한으로 자제하며 거꾸로 들을 자세가 되어 있는지에 대해 저는 회의적으로 보는 편입니다.

2019년 5월에 출간한 '3시 코리아 Ⅱ'에서도 잠깐 언급했듯이, 한국의 직업군 중에서 가장 과대평가된 직업군이 교수직이라는 저의 생각은 2023년에도 여전히 유효하다는 걸 의미하겠습니다.

결론을 요약하면, 「강의는 창의성을 가르치지 못할 가능성이 높다」로 요약됩니다

또한 「강의는 필드 현장에서 요구하는 사례 연구 능력을 가르치지 못할 가능성이 높다」로 다시 환언됩니다.

기존에 나와 있는 이론들을 답습하고 정리하고 모방하는 측면은 잘 하지만 현장에서 벌어지는 비정형화된 사례에 실제로 적용할 수 있는 능력은 연구 능력을 기반으로 나오며 가르치는 교수들의 자질을 13개의 척도로 점수화하는 US News는 우리의 위치를 명확하게 수치로

보여주고 있습니다.

　따라서 강의를 통한 우리의 접점 찾기 여정은 「F학점 정도는 아닌데 C학점 받은 강의 수강생의 필드활용 능력이 A학점 강의 수강생보다 높을 가능성이 의외로 높다」고 결론짓고자 합니다.

02
대화

'평소 대화를 많이 하십니까?'
이런 질문은 간혹 받을 수 있는데, 다음 질문은 전혀 못 받은 분도 있을 거라고 생각됩니다.
"다양한 사람들과 대화를 하십니까?"

필자의 장모님은 서울 남대문시장 아동복상가에서 30여 년째 지금도 바지를 팔고 계십니다. 남대문시장을 한 번이라도 가 본 분은 아시겠지만 대부분의 상가는 좁은 골목으로 다닥다닥 붙어 있는 구조라, 구경하는 손님이든 구매하는 손님이든 매우 가까이서 사람들과 마주치고 대화를 하게 됩니다.

다양한 주제의 대화와는 거리가 멀지만 적지 않게 다양한 사람들과 이야기를 할 수 밖에 없는데, 이로 인한 피로감이 누적되어서 일종의 스트레스 해소가 필요해서 그런지는 모르겠으나 시장을 떠나 일상생활 속에서는 의외로 장모님은 사람을 잘 안본다는 걸 제가 깨달았습니다.

사람들의 성향은 다양하지만 통계적인 정규분포에 가까울 수 밖에 없는데요, 정치적으로 극우가 있다면 극좌도 있고 동시에 더 많은 수의 중도성향이 있습니다.

연령별로는 유치원생부터 80대 어르신까지 다양한데 한국은 세계최저 수준의 출산율로 인해 유독 연령별 정규분포가 아닌 오른쪽으로 치우진 분포입니다.

이러한 비대칭 분포를 통계학적으로는 '치우침' 또는 "왜도(Skewness)"라고 용어를 사용하고 중간값과 평균값이 거의 일치하는 대칭정규분포와 달리 조금전의 한국 연령분포의 경우 중간값이 평균값보다 오른쪽에 있어 '네거티브(Negative) 왜도가 있는 분포'라고 표현합니다.

한국은 연령 분포 뿐만 아니라 특정 성향에 있어서도 네거티브(Negative)이든 분포가 왼쪽으로 치우친 파지티브(Positive)이든 왜도 분포도가 나타나서 시간이 갈수록 더 치우치는 경향이 있는 게 현실입니다.

그래서 대화는 많이 하는데, 대화하는 상대방은 왜도가 있는 분포도에서 자신과 비슷한 성향만 고집하는 「왜도 + 첨도(Kurtosis)까지 가미된 분포 왜곡」이 적지 않습니다. 자신이 듣고 싶은 말만 듣는 거죠. 가령 누구를 한 쪽으로만 비판하는 유투버 방송들만 골라서 구독을 누르고 그들의 이야기들만 극단적으로 거의 하루 종일 시간날 때마다 듣는 사람들이 의외로 주변에 많다는 이야기입니다.
첨도(尖度, kurtosis 커토시스)는 확률분포의 꼬리가 두꺼운 정도를 나타내는 척도이다. 극단적인 편차 또는 이상치가 많을 수록 큰 값을 나타냅니다.

접점을 찾는 우리의 여정 성격 상 자신이 특정 주제에 대해 대화하는 상대방이 정규성이 있는지를 검증하는 접근이 꼭 필요하다고 요약됩니다.

필자는 대구 출생이고 장인은 목포 바로 옆의 무안 출생이십니다.
통계학적으로는 왜도와 첨도가 다른 방향으로 있을 수 있는 두 사람이 가족이 되어 대화를 하게 됩니다.
의외로 정곡을 찌르는 대화가 많습니다.

한번 해보십시오.

정곡을 꽉 찌르는 질문과 답변을 의외로 얻는 수확이 있을 것입니다.

애널리스트 출신으로 여의도에 과거 있었던 필자가 여의도를 떠나 경기도 남양주 창고에서 만나는 자영업자들과의 대화에서 인생을 제가 배웠습니다.
유머가 더 많더군요.

성실하게 사람들과 만나게 되면 말하는 순서가 바뀌게 되는 「접점의 순서 변경」이 있습니다. 사람의 외모에도 있듯이 대화에도 첫인상이 있기 마련이고, 맨 처음에 제시된 정보가 나중에 제시된 정보보다 더 잘 기억되는 효과인 초두효과가 대화에도 적용됩니다. 자영업자를 만나면 "그는 근면하다, 질투심이 많다"라는 순서처럼 저절로 정보를 인식하게 되고, 여의도 금융업 종사자들을 만날 때는 "질투심이 많다, 근면하다"라는 순서로 저절로 정보를 인식하고 대화할 수 있습니다. 같은 인간의 본성들에 대한 가정이지만 초두효과의 영향 때문에 자영업자에 호감도에 영향을 주어, 장점을 먼저 말하고 단점을 나중에 말하게 되는 「접점의 순서 변경」을 체험하게 됩니다.

일상을 성실하게 사는 사람들은 스몰토크에 강하다는 「접점의 대화 소재 사이즈 변경」도 있습니다. 여의도 금융업 종사자들은 유창하게 대화를 상대적으로 잘 하는데 성실한 소규모 자영업자들은 일상의 소소한 스몰토크를 잘하는 다른 특징이 있습니다.

의지력은 소모될 수 있으며 유한한 자원이므로 적절히 관리 해야 하는데, 많은 현대인은 책상에 앉아 생각만 많아 대화도 책상에 앉은 일의 연장선 상에서 이야기를 하게 되어 대화를 통해 스트레스 해소로 연결되지 못하는 경우가 생각보다 많습니다.
반면 몸으로 일하는 사람들은 상대적으로 의지력이나 생각이라는 유한한 자원이 보존이 잘 된 상태라 소소한 스몰토크에 의외로 유머가 많습니다.

동일한 사안이라고 해도 제시되는 방법에 따라 그에 관한 해석이나 의사결정이 달라지는 인식의 왜곡(cognitive bias) 현상을 프레이밍 효과(framing effect)라고 합니다. 행동경제학자 아모스 트버스키와 다니엘 카너먼은 이 프레임(frame)을 '의사결정자의 어떤 특정한 선택에 따른 행동, 결과 그리고 만일의 경우까지 고려하는 이해'라고 정의하였습니다.

프레임은 '틀'인 셈인데, 우리는 이 틀을 무언가를 보거나 이해할 때 사용합니다. 흔히 예시되는 개념이 바로 '반이나 남은 물과, 반밖에 남지 않은 물'입니다.
부정적인 프레임을 사용하면 물이 반 밖에 남지 않은 것이고 나아가 이는 탈수의 위험까지 인지할 수 있지만, 긍정적인 프레임을 사용하면 물이 반이나 남았기 때문에, 생존할 수 있는 여유 시간이 오래 남았다고 생각할 수 있습니다. 그리고 이렇게 인지하는 순간, 부정적인 프레임은 식수를 구하기 위해 서둘러 움직일 것이고, 긍정적인 프레임은 식수가 아닌 다른 생존 수단을 구하는 데 힘을 쏟게 됩니다.

이 틀에 대한 접점은 의외로 간단합니다. 책상에 앉아서 일하다가 커피숍에 앉아서 이야기하는 접근이 아니라, 약간의 땀 흘리는 일상 일을 몸으로 하다가 산책하면서 같이 이야기하는 접근이 좋은 응용방법입니다.

경험의 공유와 동지 의식은 상호 신뢰할 수 있는 유대관계를 말하는 라포르(rapport)가 형성되어, 무의식적으로 서로의 행동이나 바디랭귀지를 모방하며 상대방의 제스처 및 자세에 자연스러운 리액션이 나옵니다. 산책하면서 이야기하면 더 그렇죠.

이런 측면에서 대화의 접점은 앉아있지 않고 걸을 때가 최고입니다.

03
만남

비대면(非對面, Untact)이 2020년 연초부터 거의 3년간 키워드로 자리잡았습니다.
보험 가입을 권유하는 보험영업인 입장에서는 이 시기 비대면으로 신규 계약을 따는 게 얼마나 어려운가를 체험했을 것입니다.

대기업의 홍보실 근무자들 입장에서도 보험 차원에서 언론 미디어와 원활한 관계를 평소 유지하는 게 좋습니다. 혹시 안 좋은 뉴스가 그 그룹에서 발생하더라도 그에 대해 두세 번 기사 나갈 위험을 한 번 나가게 현실적으로 할 수 있기 때문입니다. 그러기 위해서는 비대면 국면이라도 평상시에 대면을 해야지 되었습니다.

그룹 홍보실과 언론 미디어의 접점은 만나야지 보험차원이라도 형성되는 게 한국 현실입니다.

그런데 이 홍보실 직원들을 만나는 언론 미디어 담당자의 입장은 좋을까요?

우리가 막연하게 생각하기에는 홍보실 직원은 약간 을(乙)의 입장일 가능성이 높으니 이들을 만나는 미디어 담당자는 갑(甲)이라 좋을 거 같습니다.

마침 그 위치에 있는 사람이 아는 분이라서 이 주제에 대해 자연스럽게 이야기되었는데요, 정반대 뉘앙스의 답변을 들었습니다.

일단 그 아는 분 저녁식사 스케줄은 다음 달까지 다 잡혀있는데 저녁에 식사만 딱 하고 끝나기는 어렵고 약간의 약주를 할 수 밖에 없어, 평일에는 매일 저녁에 술을 마셔서 안 좋다고 토로합니다.

그리고 주로 상대방 대기업 홍보실은 그 일을 업(業)으로 하기 때문에 좋은 쪽으로만 이야기를 할 수 밖에 없고, 자신은 보도국 전체를 책임져야 하므로 신경 쓸 게 많은데 저녁시간에 다른 일(완전 다르지는 않지만)을 해야 하므로 체력적으로 상대방에게 딸립니다.

그리고 비즈니스라는 게 상호 공존하게 주는 게 있으면 받는 게 있고, 받는 게 있으면 주는 게 있어야 하므로 자신은 미디어 광고를 거꾸로 부탁하게 되니, 이도 피곤한 일입니다.

위의 사례에서 볼 수 있듯이, 지금 당장 무엇을 부탁하는 게 아니라 미래에 혹시 있을지도 모를 위험을 줄이는 보험차원에서 서로가 대면 만남을 하더라도 둘 다 신경쓰야 될 게 많습니다.

이 책의 Introduction에 언급된 최근 비교적 큰 공기업 임원인 지인 부인상을 조문갔을 때 이야기입니다. 워낙 큰 공기업이라 조문 입구에 조화가 빽빽하고 그 임원이 본부장으로 있는 본부직원들은 자리 채워 앉아 있는 분위기였습니다. 그런데 종로 영풍문고 근방이라 그 곳에서 아주 작은 부탁을 수 년 전에 했는데 안 해주어, 빚 진 게 전혀 없는 제가 가니 (해당 공기업 직간접 이해관계자들과는 다르게) 제 옆에 그 분이 한참 앉아 있었습니다. 진정한 마음의 위로를 받고 싶었기 때문인지 모릅니다.

정채봉 작가의 에세이 '만남'에 보면 5가지 종류의 만남이 있다고 합니다.

1. 생선 같은 만남입니다. 처음엔 싱싱하지만 금방 상하고 비린내가 나는 생선처럼 시기하고 질투하고 싸우면서 원한만을 남기는 만남입니다.
2. 지우개 같은 만남입니다. 아무런 의미도 없이 곧 기억에서 지워지는 시

간이 아까운 만남입니다.
3. 건전지 같은 만남입니다. 쓸모가 있을 때는 들고 있다가 필요가 없어지면 멀어지는 수지타산적인 만남입니다.
4. 꽃송이 같은 만남입니다. 화려하게 피지만 곧 지고마는 끝이 안 좋은 만남입니다.
5. 손수건 같은 만남입니다. 슬플 땐 눈물을 닦아주고 힘이 들 땐 땀을 닦아주는 서로 의지하는 아름다운 만남입니다.

우리가 접점을 찾는 여정 입장에서 만남을 들여다본다면, 이러한 비즈니스 성격이 가미된 만남이 아니라 체면치레하지 않고 자신을 자연스럽게 드러내고 대면할 수 있냐에 1차적인 관심이 있다고 요약됩니다.

"인간의 감정은 누군가를 만날 때 그리고 헤어질 때 가장 순수하게 빛난다"(Man's feelings are always purest and most glowing in the hour of meeting and of farewell)는 독일의 소설가 장 폴 리히터(Jean Paul Richter) 말입니다.

마틴 부버(Buber)는 〈나와 너 Ich und Du〉(1923)에서 "'나'가 되면서 '나'는 '너'라고 말하고, 인생의 온갖 참된 삶은 만남"이라고 역설합니다.
인간행동의 점진적 성장과 변화를 추구한다면, 「인간 대 인간의 만남」이라는 틀 속에서 접점을 찾는데 동참할 것입니다.

04
비교

속담 중 '사촌이 땅을 사면 배가 아프다'라는 말이 있는데, 한국적 비교 문화를 잘 표현해주고 있습니다.
영어 표현 중에 '신 포도 때문에 고생한다(=suffer from sour grapes)'는 표현도 유사한 뜻이 있지만 위 속담보다는 덜 직설적이고 덜 노골적입니다.

서구권에서는 녹색이 한국 정서와는 다르게 질투를 표현하는 색깔로 사용되기도 하는데, '부러움으로 녹색이 되다(=green with envy)'도 샘을 내는 표현입니다.

중국에는 우리 속담과 정반대의 말이 있는데, 중국 서진(西晉)의 문학가인 육기(陸機, 261~303)의 시 구절에 '송무백열(松茂柏悅)'입니다. 뜻은 진실로 소나무가 무성하면 잣나무 기뻐하다는 의미로, 소나무와 잣나무 모두 어릴 때 햇빛이 적게 드는 것을 좋아하는 음수(陰樹)과임에도 불구하고 소나무가 좀 무성하여 빛을 가려주면 잣나무가 훨씬 편하게 자라게 된다고 풀이됩니다. '기쁨은 함께 할수록 커지고, 슬픔은 나눌수록 적어진다'는 말이죠.

한국 정치 현장에서는 최근 20여년 정치사만 봐도 네거티브(Negative) 접근이 난무한다고 표현할 수 있을 정도로 지속되고 있습니다. 이렇게 이 전략을 구사하는데 집착하는 이유는 파지티브(Positive)보다 유권자에게 더 먹히고 있다는 계산이 밑바탕에 깔린 듯 합니다.

사회비교 차원에서 이러한 관습이 형성될 정도로 집단사회 차원에서 습관이 들었다고 할까요?

경제신문사도 경제미디어도 보도국 내 정치부 기자들이 있습니다. 주는 경제기사를 작성하는 게 회사 큰 흐름이라서 보도국장은 경제부 출신이 많습니다. 이러한 국장 입장에서는 경제부와 전혀 다른 접근을 하는 정치부 기사를 보면서 '말도 안되는 논리로 정치부는 알아서 따로 기사를 쓴다'고 비공식적으로 표현할 정도입니다.

이 말은 경제논리와 정치논리가 확연하게 다르다는 걸 시사합니다.

지금은 저 멀리 포루투갈 상권마저 잡아 유럽 유통망까지 진입하고 있는 중국 화교권 입장에서는 '송무백열(松茂柏悅)'이 누이 좋고 매부 좋은 윈윈 경제전략이자 생존전략이 되겠습니다.

반면 상권은 오직 한국 내에서 밖에 잡지 못한 한국 입장에서는 큰 시야로 윈윈하고자 하는 유통기반이 다른 나라에 사실상 전무하고, 잘 나가는 업종 있으면 똑같이 따라 하고 잘 나가는 사람의 약점을 집요하게 더 찾는 게 우리의 현실입니다.

남 일에 관심이 많다는 이야기죠.

경제논리 관점에서 공생을 추구하는 윈윈 전략을 구사하는 접점을 가지기 위해, 시야를 더 넓히는 접근을 같이 해봅시다.

05
사랑

사랑을 어떻게 정의할 수 있을까요?
청춘 남녀의 사랑 말입니다.
사회심리학자 에리히 프롬이 쓴 「사랑의 기술」이란 책을 심리학과 다닐 때 그리고 실연에 빠졌을 때 읽어보았습니다. 한 마디로 '소유적 사랑'이 아니라 "존재적 사랑"을 하라는 가르침이더군요.

그 책을 읽고 나서 두어 달은 그 말이 맞는 줄 알았습니다.
그런데 그 이후 저는 판이하게 다르게, 당시 제 자신을 포함한 『청춘 남녀는 냉정한 사랑을 해야 한다』고 결론짓게 됩니다. 이들 간의 사랑에는 상대방을 찰 수도 있고 거꾸로 상대방에게 차일 수도 있습니다. 물론 젊은 시절 저도 상대방을 찬 적도 있고 거꾸로 상대방에게 차인 적도 있습니다.

젊었을 때 사랑 때문에 죽고 싶을 정도로 괴로웠던 적이 있으신지요?
1774년 독일의 문학가 요한 볼프강 폰 괴테는 자신의 과거 음울했던 연애 경험을 바탕으로「젊은 베르테르의 슬픔」소설을 내놓았는데, 그의 첫 성공작이 되었습니다. 호응이 대단했다는 말이고, 이 소설을 읽은 독자들도 소설의 제목처럼 슬픔에 휩싸이게 되었다는 의미이죠.
냉정한 사랑을 정의하고자 했던 저 자신도 사랑 때문에 너무 괴로워서 아버지에게까지 '살기 싫다'는 심정을 고백했던 때가 있습니다.
몹시 빠르게 부는 바람과 무섭게 소용돌이치는 큰 물결의 질풍노도(疾風怒濤)처럼 보내고 또 극복하고 6년이 지난 시점에 '그 때 잘 차였다'고 생각을 마무리하면서 긴 슬픔의 터널을 벗어나게 됩니다.

접점을 찾는 우리의 여정에 있어 사랑은 '냉정한 사랑을 하자'로 요약하고자 합니다.
책 제목으로 시선을 끌었던 '냉정과 열정사이' 소설 제목처럼, 냉정도 열정이 있었기에 비로소 완성되는 게 사랑입니다.

수학에서 '접점'을 어떻게 정의할까요?

원 밖의 한 점에서 직선을 그었을 때 직선과 원이 만나는 점을 교점이라고 하고, 이 교점이 하나일 때 원과 직선이 서로 접하므로 그 직선을 접선이라고 하고 이때의 교점을 접점이라고 합니다.
원과 직선이 아니라 두 곡선의 접선은 다음 그림에서 ab선이 되겠습니다.

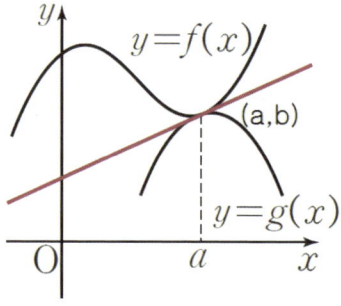

두 곡선의 공통인 접선 차트

좋을 때가 있으면 나쁠 때도 있는 게 사람인데, 두 사람의 좋고 나쁨이 2차 포물선 이상의 곡선에 가까울 터입니다. 이 두 곡선에서 접점과 접선을 찾는 작업이 사랑인데, 냉정한 사랑이라는 관점이 아니라면 어떻게 저 차트처럼 접선을 그을 수 있을까요?

06
교육

2021년부터 고등학교 의무교육화의 필수요소 중 하나인 고등학교 무상교육이 실시되며 국가의 교육책임이 확대되고 있습니다.
그런데 다수의 여론과 달리 필자는 고등학교 의무교육에는 반대하는 입장입니다.

고등학교 의무교육을 주장하는 측의 논리를 살펴보면, OECD국가들의 평균 의무교육기간이 12년이라는 점이 빠짐없이 들어가 있습니다.

그런데 암기 또는 주입식 입시 학습이 아니라 청소년의 창의성 측면에서 한국 고등학교가 과연 OECD 평균과 단순비교 가능한가라는 질문을 프롬(Prom)을 통해 살펴봅시다.

미국 등에는 프롬파티(prom party)라는 문화가 있어, 같은 시니어들을 위한 파티로 고등학교 졸업을 앞둔 학생들의 졸업을 축하하는 파티가 매년 열립니다.

졸업무도회(Prom)라는 곳에 대부분 남녀 커플이 되어 남자의 경우 마치 결혼 턱시도정장에 거의 비슷한 옷을, 여성의 경우 약혼식 정도에서 볼 수 있는 이쁜 공주 드레스를 입고 연회장에 참석합니다.

한국 고등학교 졸업을 앞둔 고3의 평균적인 사회 창의성으로는 소화하기 힘든 이러한 행사를 미국 등의 같은 또래는 별 사고 없이 적극적으로 매년 치러지고 있습니다.

왜 이러한 차이가 발생한다고 생각되십니까?

한국에서는 수십 년 전에 고등학교 평준화가 되기 전에는 각 지방마다 대표하는 고등학교들이 있었고, 해당 고등학교 졸업생들은 졸업 후 그들끼리만 뭉치고 다른 고등학교 출신을 배제하는 집단행동에 몰

두하곤 했었습니다.

놀라운 사실은 고등학교 평준화된 이후에도 그 후 졸업생이 그 이전의 선배들을 그대로 따라한다는 점입니다.

2000년 밀레니엄 시대에 진입하고 5년이나 지난 시점에 당시 한나라당의 중앙당 사무직원부터 국회 상근직 그리고 의원들 면면을 살펴보고, 어떻게 경북고 출신이 평준화 이전은 물론이거니와 그 이후의 졸업생들이 이 거대 정당 조직 곳곳에 심할 정도로 많은지에 대해 제가 놀라자빠지는 줄 알았습니다.

그로부터 17년 이상이 지난 지금 시점에도 그 때만큼은 아닌데, 여전히 그 관성이 상당히 남아있습니다.

'교육기회의 균등 또는 대한민국 의무교육의 완성'이라는 논리는 미국 등에서 영예롭게 생각하는 프롬 파티도 소화해내지 못하고 졸업 후에는 그들끼리만의 집단행동에 매달리는 한국 고등학교 교육이 빠뜨리는 중요한 면들을 놓치고 하는 이야기일 수 있습니다.

아주 쉽게 비유하면, 한국 고등학교 졸업을 앞두고 영화 샹치(Shang-Chi)에 나오는 프롬 파티를 별 사고 없이 해낸다면, 한국 고등학교 의무교육 저도 찬성하겠습니다.

놀라운 사실을 하나 더 말씀드리면, 11번째 책을 내고 있는 저는 고등학교 딱 28일 다녔습니다. 그 시절 감성이 풍부하고 아마도 가장 예민했던 거 같은데, 이 고등학교가 수학이나 다른 교과서만 비효율적으로 가르칠 뿐이며 이 교과서는 저 혼자 공부해도 배울 수 있어서 29일째부터는 고등학교 안 갔습니다.

우리가 접점을 찾는 여정에서 말하는 교육은 프롬 파티도 소화해 내지 못하는 교과서적 한국 교육이 아니라 사랑도 알고 창의성도 알고 자기 인생을 적극적으로 개척하는 개척 교육을 의미합니다.

왜 한국 젊은이들이 세계에서 가장 늦게 결혼하고 일부는 아예 결혼을 안하려는 사람들이 유독 느는 걸까요?

부동산 가격이 올라서요?

천만의 말씀입니다. 한국만큼 미국 등 다른 나라들도 올랐는데 결혼 잘 합니다.

정답은 고등학교 졸업도 하는데 프롬파티도 못하는 일방적인 교육의 결과로 저는 해석합니다.

07
이별

처음 만날 때보다 이별할 때 더 노력해야 된다는 사실을 깨닫는데 한참 걸렸습니다.
헤어진다고 했는데 다시 만날 가능성이 생각보다 높기 때문입니다.
남녀 간의 헤어짐도 그렇지만 특히 사회생활에서 벌어지는 사례가 더 많습니다.

한국 정치판에서는 어제의 동지가 오늘의 적이 되거나 반대로 어제의 적이 오늘의 동지가 되는 경우가 허다합니다.

경제계에서도 적지 않은데, 가령 SM 이수만 회장이 자기 사람이라고 생각한 후배 경영진이 카카오와 손을 잡자 어제의 적이었던 방시혁 회장에게 손을 내민 사례가 그 예입니다.

따라서 헤어짐에 대한 수용(Acceptance)과 미래에 발생할 지도 모를 재회 가능성에 따른 협상(Bargaining) 여지를 남겨두는 『접점 유지 이별』 전략이 자산이 되겠습니다.

수용(Acceptance)을 위해서는 헤어짐 과정에서 발생하는 ① 분노(Anger) · ② 부정(Denial) · ③ 우울(Depression)에 대한 조절과 관리 테크닉이 필요합니다.

분노조절장애의 증상으로 도박 · 도벽 · 발모광 · 인터넷 중독 · 쇼핑 중독 등도 열거되고 있다는 점을 감안하여, 최대한 야외활동을 하도록 노력하거나 실내에 있더라도 평상 시 밀린 청소 등 집안일을 하는 접근이 유효합니다.

'부정(denial)'이란 정신분석학적으로 자연스럽게 생기는 자신의 방어기제가 한쪽으로만 치우치기 쉬우므로 비교적 객관적으로 볼 수 있는 대화 상대방을 찾아 대화를 통해 자신에게 닥친 이별을 합리화(rationalization)하는 노력이 도움 됩니다.

의욕 저하와 활동감 저하가 지속될 경우 감정을 조절하는 뇌의 기능에 변화가 생겨 '부정적인 감정'이 괜히 앞설 수 있으므로, 우울증의 중요한 치료법인 행동 활성화 기법을 이용하여 햇빛이 좋을 때 밖에 나오거나 대화를 하거나 음악을 듣거나 활동성을 어떻게든 높이며 상황을 수용하려고 하면, 조그맣게 접점의 여지가 남게 됩니다.

술에 의존하지 않고 용기 내어 자신의 이별 또는 준하는 상황을 주변에 알리거나 SNS 등에 노출할 경우, 손을 내미는 주변 사람 또는 페북 친구들이 역설적으로 이러한 상황을 극복하고 보호해 낼 것입니다.

이별 후에도 만나지는 않더라도 책임을 계속 져야 될 경우도 적지 않습니다.
이별 전에 중요한 과업을 했을 경우 그렇습니다.
과거에서 회복하여 현재에 집중하면서 마음의 평화를 되찾기 위해서는 과거를 반추하지 않고 자신에게 주어진 일상생활에서 의미를 찾는다면, 이별 후에도 생기는 책임의 의무를 잘 수행할 수 있습니다.
마치 남의 이야기처럼 담담하게 쓰지만 사실은 필자의 이야기였고, 그 책임감으로 젊은 시절 때 같았으면 당장 그만 둘 힘든 일들을 잘 참고 10년을 더 버티며 지금까지 이르고 있습니다.

인간에게 있어 완전한 이별은 자신의 죽음 외에는 거의 없다고 봐야 될 거 같습니다.

이런 측면에서 이별 하자고 한 사람보다 이별을 당한 사람이 오히려 이전과 전혀 다른 인생을 사는 경우가 상대적으로 많아 보입니다.

접점을 놓치지 않기 때문일 것입니다.

08
고통

육체가 아파서 생기는 고통이 아니라 마음이 아파서 생기는 고통 이야기입니다.
운전을 하다가 진흙탕에 바퀴가 빠져 아무리 엑셀레이트를 밟아도 못 빠져나와 보험사 긴급출동 서비스를 불러본 적이 있는지요?

요즈음 비포장길도 없어서 의외로 그런 경험 드물 거 같은데, 저는 2010년 이후만 두 번 불러보았습니다.

한 번은 경기도 고양 밭두렁에서 진흙탕에 빠졌고, 다른 한 번은 경기도 용인 2차선 아스팔트 포장선 옆에 차를 잠시 세워 후진하다가 배수구 콘크리트 뚜껑이 유실된 곳에 뒷 바퀴 하나가 빠진 경험 있습니다.

전자처럼 진흙탕에서 빠져나오려고 노력할수록 더 빠지는 상황이 마음의 고통으로 비유됩니다.

신뢰가 깨어지는 배신(背信, Betray)감을 느낄 때를 우선 꼽을 수 있죠.

역사적으로 가장 유명한 배신 중의 하나가 카이사르 시저의 암살입니다.

암살자 유니우스 브루투스 알비누스는 카이사르로부터 두터운 신임을 받아 법무관 중에서도 군사 지휘권을 가지는 요직에 임명했고, 기원전 44년에는 갈리아 키살피나 총독으로 내정하기도 했습니다. 그럼에도 암살 계획에 참여했는데, 아마도 그를 제거한 후 실권자로 우뚝 설 야심을 품지 않고서야 암살 계획에 참여할 이유가 없었죠.

카이사르가 실제로 했는 말인지는 불투명하지만 카이사르는 브루투스를 보는 순간 "아이야, 너마저도?"라고 말했다는 이야기는 배신감을 느꼈을 때의 마음의 고통을 보여주는 압축적인 단어로 역사에 남았습니다.

배신이 주는 마음의 고통은 직접 피해자만 그런 게 아니라 이를 지켜보는 관찰자들에게도 상당 부분 전이되는 특징이 있습니다.

카이사르 시저의 암살을 예상 밖으로 지켜본 원로원 수백명이 도와달라는 외침을 등 뒤로 하고 미친 듯이 도망갔고 이는 다가올 로마 혼돈의 전조였습니다.

로마 이전에 이집트 시대 때 오빠와 여동생이 결혼하는 왕 파라오가 많았는데, 권력 최정점에서 벌어지는 배신의 가능성을 줄이려는 본능이 이전에 살펴본 헬리오폴리스 창세 신화 속에 나오는 오빠와 여동생의 결혼 이야기와 맞물렸다고 보여집니다.

우리나라도 전직 대통령 탄핵 사건 중에서 한국의 첫 번째 여성 대통령 사건의 경우 그 시작점은 앞서 살펴본 역사적 대표사건과 적지 않게 닮아 있습니다.

더불어 혼돈의 전조 측면에서도 세계적인 금융완화와 양적 팽창 정책과 맞물리며 버블경제 형성에서는 유사점이 나타납니다.

이러한 사례를 통하여 마음의 고통이 주변으로 전이될 수 있는 경우, 그 파장이 개개인에 한정되지 않고 조직과 공동체 그리고 경제에까지 부정적인 영향을 줄 수 있으므로 특별한 접근이 필요합니다.

접점의 용어로 바꾸어 말하면, 부정적인 영향이 당사자 뿐만 아니라 전이성과 결합하여 접점이 확대되며 확산되는 구조로 치환되겠습니다.

이렇게 될 경우 배신으로 인한 마음의 고통 확산을 방지하기 위한 제도적인 보완책 마련으로 그 처방책이 나오고, 국회는 대통령 탄핵권을 가지는데 대통령은 국회 해산권이 없는 한국 6공화국의 헌법 개정 필요성까지 연결됩니다.

연인들 간의 배신도 개인의 인생을 바꿀 수 있는데, 권력 정점에서 벌어지는 배신은 단순히 직전 통치자가 감옥에 가냐 안가냐의 문제로 끝나지 않고 경제 피라미드 최하부층까지 흔들고 왜곡할 수 있는 실로 복잡한 문제를 연쇄적으로 발생시킬 수도 있기 때문입니다.

'고통, 어디까지 가 볼 수 있을까요?'

인류의 먼 역사까지 거슬러 올라갈 필요도 없이 월남전쟁 그리고 2차 세계대전까지만 거슬러 가도, 민간인 학살과 유대인 대학살의 역사적 실체에서 이 질문이 절로 나옵니다.
그리고 놀랍게도 권력 최정점 부근에서는 지금도 진행형입니다.
푸틴의 우크라이나 침공 초기 침공자나 피침공자 모두의 젊은이들 가슴 속이 그랬고 외국까지 갈 필요도 없이 우리나라에서 대통령 탄핵 정국에서도 그랬습니다.

이런 점 때문에 접점을 사회심리학적 접근에서만 찾아서는 다람쥐 챗바퀴 돌 듯 언제 다시 원점으로 돌아올지 모르기 때문에, 다음 3편에서 살펴볼 정치집단심리학적인 접점 찾기 논의가 시작되겠습니다.

CHAPTER 3

결성

싸움의 실체

엘리미네이터(eliminator)

정치집단 심리학적 접점

집회

여론

투표

권력

01
결성

종교단체 외에 사회 및 정치단체 결성과 가입 그리고 탈퇴 등은 사회인이 되고 나서 겪게 되는 일들입니다.

정당의 경우 선거 투표에서 후보를 내어 당선시키는 목표 내지 꿈을 가진 단체라는 점에서, 고객 격인 투표자의 동향인 민심을 살펴서 그들 내부의 권력구조를 결정짓는 게 논리적으로는 더 확장성이 있습니다.

현실적으로는 확장성 여부는 차후의 문제이고 일단은 눈에 거슬리는 내부자들을 제압하는데 더 주력을 두게 되는 경우가 자주 발생하는데, 이러한 근본 원인은 무엇일까요?

정당(政黨)의 역사를 살펴보면, 영국의 경우 보수당은 1679년 이래 시작되는데 1832년 현재와 같은 당명이 되기 전에는 명칭이 토리당이었습니다.

Tory는 아일랜드어로 산적의 뜻입니다. 쉽게 풀이하면 산적이 되고 싶거나 산적을 지지하는 사람의 모임이라고 희화화해도 반박을 못할 정도로 산적당이 현재의 영국 보수당이 무려 153년이나 사용한 공식 명칭이었습니다.

이제 감이 오시죠?!

이 산적당은 당 대표를 어떻게 뽑을까요?

당수의 선출은 1997년 당헌 개정을 통해 당수 선출 제도 확립했는데, 먼저 원내당이 2명을 선출하고 그 2명에 대하여 전체 보수당원 투표로 당수 결정합니다.

특이한 점은 뽑혀도 언제든지 원내 의원 15% 이상의 동의로 당수에 대한 경선을 통한 도전이 가능하다는 점입니다. 이로 인해 1990년 대처 사임을 유발한 당내 쿠데타의 배경이 되었습니다.

미국은 건국 이래로 거대 양당 정당들이 경쟁하는 구도였는데, 현재의 공화당과 민주당의 시작점은 남북전쟁이었습니다.

남북전쟁은 노예제 제도에 대해 산업화 연방주의 세력과 중농주의 지방분권주의 세력이 충돌하며 공화당 최초의 대통령인 링컨의 정책에 반발하여, 노예제가 운영되던 남부의 주들은 연방에서 탈퇴하며 시작되었습니다. 전쟁 이후에도 북부는 공화당이고 남부는 민주당이라는 정치 지형의 변화 없이 당시의 정치 지형이 오늘날까지 이어집니다. 1929년 대공황이 오기까지는 양당 성향이 오늘날의 보수주의, 진보주의와는 거리가 있었습니다.

지역적으로는 공화당이 남부와 중부에서 지지가 높게 나오기 시작한 것은 60년대부터 이야기이고, 민주당이 동북부와 서부의 해안 지역에서 지지가 높게 나오기 시작한 것도 60년대 이후입니다.

1차 및 2차 세계대전의 소용돌이를 직접 겪은 유럽 본토는 다소 복잡합니다.

오랫동안 독일의 양대 정당으로 활동해온 사회민주당과 기독교민주연합은 최근 선거에서 합쳐도 절반이고 나머지 절반은 4개의 다른 정당들이 자리잡아 연정 파트너가 되기도 합니다. 그리고 사민당과 기민연은 각각 당비 정기적으로 안내는 당원까지 두 당원 다 합쳐도 85만명이 안되어, 전체 인구 대비 양당 당원 비율은 0.5%로 상당히 낮습니다.

프랑스의 에마뉘엘 마크롱이 이끄는 집권당인 르네상스(Renaissance)당은 불과 창당 시기가 2016년 4월 6일 밖에 되지 않고 제2당인 공화당도 창당 시기가 2015년 5월 30일로 1년 차이입니다.

이상의 사례에서 접점을 찾는 우리의 여정은 결성에서 다음과 같은 시사점을 얻게 됩니다.

① 산적이 되거나 산적을 지지하는 모임을 하는 차원에서 결성하면 접점이 형성된다.
② 결성된 모임의 지지기반이 극적으로 바뀌는 교차변경(cross change)이 나타날 수도 있는데 대공황과 같은 경제쇼크가 그 작용을 한다.
③ 독일 국민은 정당 가입 자체를 좋아하지 않으며 프랑스는 프랑스혁명이 지속된 기간(1789년 5월 5일 - 1799년 11월 9일)인 10년도 안 되는 정당들이 1당과 2당을 나란히 하며 지금도 혁명 중이다.

한 마디로 결성의 세계는 모순을 처음부터 알고 입문하는 곳이고 그만큼 내부 권력조직과 지지자 모두 바뀔 수 있는 가능성을 열어놓고 한 발만 펜스 안에 내딛고 있으면, 접점을 오히려 유지 가능할 확률이 높아진다고 요약하고자 합니다.

02
싸움의 실체

사실 인류 역사는 싸움의 역사입니다.

과거에는 칼과 창으로·중세부터는 대포와 총으로·현대에서는 전투기와 미사일로 싸움의 도구만 바뀌었을 뿐만 아니라, 이제는 상대방은 싸움의 현장에 있는지도 모르게 몰래 빨대 꼽아 로열티 및 자본차익을 올릴 수 있는 시대까지 왔을 뿐입니다.

이 싸움에서 적게 다치거나 생존하는 접점을 찾아봅시다.

재러드 다이아몬드의 「총, 균, 쇠」 책에는 남아메리카 대륙의 부를 백인들이 어떻게 획득했는지를 잘 보여주고 있습니다.

총이나 쇠로 인한 싸움의 우위성 확보는 우리가 막연하게 생각할 수 있는 요인이었는데, 균(菌)은 놓친 부분이었습니다.

백인들이 의도하지 않고 유럽 대륙에서 갖고 온 균(Germs)들은, 역사적으로 수천 년 교류가 없어 이에 대한 면역력이 전무했던 남아메리카 원주민들에게는 속수무책으로 어떠한 대항도 할 수 없이 무참하게 오랜 전통의 역사와 문명을 가진 자신의 국가들을 무너뜨리는 가장 무서운 도구가 되었습니다.

지금은 지구촌이 비행기로 서로 왔다갔다 하기에 코로나 팬데믹 상황에서도 특별히 특정 대륙의 희생자 비율이 다른 대륙 대비 매우 유의미한 통계적 수준으로 편차가 발생하지는 않습니다.

과연 그럴까요? 싸움의 기술과 싸움의 도구, 모두가 시대가 바뀜에 따라 변신합니다.

사회 내에서 원초적 싸움에 아직도 집착할 경우 곳곳에 설치된 보안카메라·차량용 블랙박스에 그 장면들이 찍힐 가능성이 현격하게 높아진 시대이기 때문입니다.

남아메리카 대륙을 짧은 시간에 무너뜨린 균(Germs) 대신에 어떠한 잠재요인이 있을까요?

결론부터 자본(Capitals)이 그 역할을 하는 시대가 되었습니다.

다음은 전세계 기업 시가총액 상위 TOP 20위 표입니다. (기준일 2023-02-16)

순위	기업	영문이름	시가총액(₩)	시가총액($)	통화	거래소
1	애플	Apple Inc.	3,152조원	2조4,576억달러	USD	NASDAQ
2	마이크로소프트	Microsoft Corporation	2,571조원	2조48억달러	USD	NASDAQ
3	아람코	Saudi Arabian Oil Co	2,498조원	1조9,477억달러	SAR	TADAWUL
4	구글	Alphabet Inc	1,594조원	1조2,432억달러	USD	NASDAQ
5	아마존	Amazon.com, Inc.	1,329조원	1조366억달러	USD	NASDAQ
6	버크셔해서웨이	Berkshire Hathaway Inc.	874조원	6,814억달러	USD	NYSE
7	테슬라	Tesla Inc	861조원	6,713억달러	USD	NASDAQ
8	엔비디아	NVIDIA Corporation	718조원	5,600억달러	USD	NASDAQ
9	엑슨모빌	Exxon Mobil Corporation	613조원	4,780억달러	USD	NYSE
10	비자카드	Visa Incorporation	604조원	4,712억달러	USD	NYSE
11	텐센트	Tencent Holdings Limited	597조원	4,654억달러	HKD	HKG
12	메타	Meta Platforms, Inc	589조원	4,593억달러	USD	NASDAQ
13	유나이티드헬스	UnitedHealth Group Incorporated	589조원	4,590억달러	USD	NYSE
14	TSMC	Taiwan Semiconductor Manufacturing Company	580조원	4,522억달러	TWD	TPE
15	루이비통	LVMH	569조원	4,436억달러	EUR	EPA
16	JP모건체이스	JPMorgan Chase & Co.	541조원	4,218억달러	USD	NYSE

17	존슨앤존슨	Johnson & Johnson	534조원	4,167억달러	USD	NYSE
18	월마트	Walmart Inc	507조원	3,953억달러	USD	NYSE
19	마스터카드	Mastercard, Inc.	453조원	3,534억달러	USD	NYSE
20	마오타이	Kweichow Moutai Co., Ltd	438조원	3,415억달러	CNY	SHA

애플페이가 한국에서도 공식적으로 상륙 예정인데 애플이 시총 1위를 하고 있어 컴퓨터 사용과 관련한 MS와 구글이 그 뒤를 잇고 있습니다.

투자은행은 JP모건체이스 하나 밖에 없는 반면 카드사는 비자카드와 마스터카드 2개 회사인 걸 보면, 전세계적으로 카드 수수료 챙기는 자본전쟁이 행해짐을 알 수 있습니다.

여성으로부터 환상과 부를 바꿔치기하는 루이비통이 대만 TSMC에 육박하는 시총 또한, 자본싸움의 수익쟁취 대상이 여성이 상대적으로 더 선호하는 애플과 더불어 실체를 보여주고 있습니다.

더불어 워렌 버핏의 투자목적 지주회사이자 세계 최대의 재보험 회사인 버크셔해서웨이가 시총 6위를 보이고 있는 점은 특수보험·손해보험·생명보험 등 다양한 보험에 가입하게 만드는 공포 및 위험이 과장되어 있을 가능성도 암시합니다. 보험사가 다시 보험 가입하는 재보험 최대회사의 영업이익이 역사적으로 너무 좋기 때문입니다.

싸움의 실체는 환상을 사고 파는 것이고 환상을 얻기 위해 사용해야 되는 도구를 파는 곳도 함께 '환상을 쫓는 심리적 균'을 유력 소비자들에게 전파하고 있는 게 2023년 이후의 접점이 계속 되겠습니다.

03
엘리미네이터 (eliminator)

잘 생긴 남자배우 스캇 애드킨스(Scott Adkins)이 주연으로 나오는 영화 「엘리미네이터(Eliminators)」을 보셨는지요? 한국에서는 2017년 상영되었는데 이 영화 포스터에 '타협은 없다, 끝까지 쫓아간다!'가 제목 밑에 씌어져 있습니다.

한국 정치판에서도 유사한 뉘앙스의 이야기가 나타나고 있습니다.

'끝날 때까지 끝난 게 아니다!'를 외치는 듯한 혈투가 벌어지는 근본적인 이유는 무엇일까요?

6공화국 헌법이 만들어낸 보복정치의 악순환 바퀴에 걸려있고 이 챗바퀴를 멈출 브레이크가 제도적으로 사실상 없기 때문일 것입니다.

아마도 권력 역동성이 진짜 다람쥐 챗바퀴처럼 양 쪽 방향으로 다 굴러간다면 챗바퀴를 돌리는 주체가 피곤해서라도 자연스럽게 멈추었을 터인데 한 쪽 방향으로만 돌아가는 헌법의 허점이 노출되어 계속 돌아간다고 저는 평가하고 있습니다.

결국 허점을 고친 7공화국이 출범하기 전에는 영화 「엘리미네이터(Eliminators)」는 계속 상영될 전망입니다.

과거에는 누가 이 영화의 주인공으로 나왔을까요?

옛날 왕조에서는 생식기능이 결여된 남자가 왕실의 시종으로 있었는데 우리는 환관이라 부르고 영어로는 유넉(eunuch)이라 호칭합니다.

독일 서양고대사가인 데텐호퍼 (Dettenhofer)와 한국서양고대역사문화학회 자료에 의하면, 중국에서는 후한시대에 그리고 로마에서는 로마에서도 4세기에 집권이 안정을 찾는 데에 통치의 주안점이 있을 때 환관을 등용한 것으로 조사되었습니다. 즉, 오랜 궁내 생활을 통해 황궁의 정치역학과 메커니즘에 밝았기 때문에 어렵지 않게 스스로에게 기회가 주어지면 에우트로피우스나 크리사피우스처럼 조직적으로 정적을 제거할 수 있었다고 합니다.

현대 한국사회에서 이러한 위험을 줄일 수 있는 방법은 무엇이 있을까요?

2가지 접근이 가능해 보입니다.

첫째는 외부 제거자에게 꼬리를 잡힐 만한 행적들이 있었는지에 대해 자체 검증을 '집단 내에서' 많이 해보는 접근이 이론적으로 있을 수 있습니다.

둘째는 상당 수의 위험한 궤적은 과거 권력 가까이 있었던 경우에 발생할 수 있다는 측면에서 비교적 권력과 멀리 있었던 후보자들을 대안으로 내세워 키우는 방법입니다.

후자의 방법이 2024년 총선 이후 다각도로 검토될 가능성 높아 보입니다.

이러한 과정이 자연선택을 통한 종의 진화와 다른 측면은 인위적인 선택이고 그 선택의 주체는 권력자라는 점입니다. 여러 세대를 거치면서 변화를 축적해가는 반면 지속적인 권력 유지 욕망에 의하여 타겟이 될 경우 한꺼번에 자원을 할당하여 집중적인 선택이 이루어진다는 점도 다릅니다. 폭발적인 단일 사건인 셈이죠.

지금까지 우리의 관점에서 접점을 찾아 왔다면, 이번 엘리미네이터만큼은 권력자 가까이에서 교감하는 층에서 찾아야 되는, 뚜렷하게 특이한 특징이 있다고 요약되겠습니다.

농구나 배구에서 블로킹(blocking)은 공격수 혹은 수비수가 공을 갖고 있지 않은 상태로 상대선수를 몸으로 저지하는 행위를 일컫는데, 엘리미네이터가 움직이기 시작하면 가장 공격적인 수비 기술인 블로킹으로 막아야 효율성이 높습니다.

공격에 의해 공이 네트를 넘어오려는 순간, 1명 이상이 동시에 뛰어올라 몸으로 방어해야 그 공격공이 가장 득점으로 연결될 확률이 높아지기 때문입니다.

배구의 창과 방패인 「스파이크 VS 블로킹」은 각각이 그대로 엘리미네이터 부분에 그대로 응용 가능하겠습니다.

04
집회

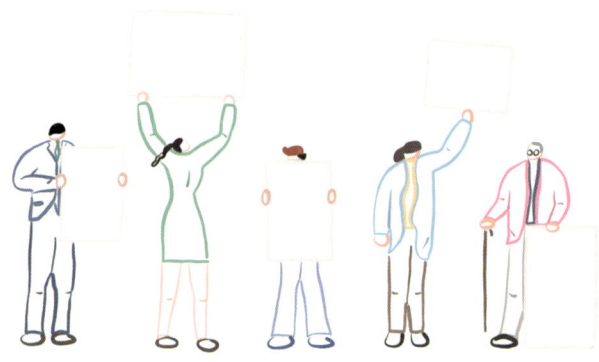

집회결사의 자유(集會結社 自由)는 인권으로서의 자유권 중의 하나이고 표현의 자유와도 맞물려 있습니다.
군중심리(crowd psychology)가 지배하는 집회는 군중의 독특한 행동 양식이나 정신 상태가 나타난다는 점에서 접점의 특이성이 있습니다.

과거 5년 전까지만 해도 한국에서의 집회는 관중효과(Audience Effect)와 군중심리(Crowd mind)와 뒤섞여 너도나도 따라하는 전형적인 군중심리의 장이곤 했습니다.

대통령 탄핵 사건 이후부터는 일방적인 주장만 있는 하나의 집회가 아니라 반대 주장도 같이 맞불 집회를 같이하는 양상이 뚜렷하게 계속되고 있다는 점이 달라지고 있습니다.

익명성과 평등성을 축으로 하는 현대사회의 집단적 인간상은 이성을 상실하는 접점 치우침만큼이나 다른 세상으로 연결되곤 했습니다.

권력 증대 또는 변경을 위한 수단으로 악용되기도 합니다.

귀스타브 르봉(Gustave Le Bon)의 '군중의 심리학에 이 부분이 다음과 같이 잘 묘사되어 있습니다.

"군중은 진실을 갈망한 적이 없다. 군중은 자신들을 부추겨 주면 그게 오류라도 신처럼 받든다. 또 그들에게 환상을 주면 누구든 지배자가 될 수 있지만 이들의 환상을 깨려 들면 누구든 희생의 제물이 된다."

이 책이 1895년 출간되었다는 점을 감안할 때 제2차 세계 대전을 일으킨 아돌프 히틀러와 이탈리아 파시즘 총통이던 무솔리니 등이 군중을 선도하고 자극하는 전략이 여기서 벤치마크된 듯 합니다.

우리가 집회와 관련하여 간과하기 쉬운 부분은 하루도 거르지 않고 무엇인가를 요구하며 떼를 지어 선전과 선동을 멈추지 않는 성난 중독성 군중이 현실적으로 존재하고 무리들 속에 섞여있다는 점입니다.

그렇기 때문에 집회에서 이미 정해진 생각에 고착된 군중들을 절대 지성과 이성, 그리고 논리적인 현상에 의해 설득할 수 있다고 생각하면 오산입니다.

자신이 지지하는 정치인들이 내뱉는 미래에 대한 희망과 환상에는 모든 상상력을 동원해 움직이는 마네킹과 같은 고착성이 가로막기 때문입니다.

의류를 파는 가게에서 선전하기 위하여 옷을 입혀 놓는 사람 모형인 마네킹을 사랑하게 되는 영화 마네킨(Mannequin, 1987)은 어디까지나 코미디와 환타지가 결합한 로맨스 장르의 상상 속의 이야기일 뿐입니다. 이 영화 남자 주인공 조나단은 여자친구에게도 차이고 직장도 잃은 어느날, 자신의 마네킨이 어느 시간이 되면 사람으로 변하는 걸 발견하고 그녀에게 사랑에 빠집니다.

영화가 제작된 80년대의 분위기의 독특함만큼 집회에 참석하는 군중의 일부는 마치 최면에 걸린 듯 사고하며 무엇인가를 맹신하는 모습을 보이는 특징을 쉽게 발견할 수 있습니다. 특히 정치집단이 자신의 목적을 위해 자신을 지지하는 세력을 규합하면 그 군중은 모두 자신이 지지하는 정치집단의 움직이는 방향으로 움직이면서 조금이라도 빗나가더라도 결코 비판하려 하지 않는 공통점이 있습니다.

이러다 보니 군중 속에서는 자신도 기이하게 체면에 걸린 듯 기존 생각에서 특정 사고로 쉽게 바뀔 위험이 나타나는데, 군중 속 개인의 시각에서 비춰진 것들까지 왜곡하게 만듭니다. 이 기괴(奇怪)스런 현상은 자기 자신은 분명히 옷을 안 입은 누군가를 봤지만 다수의 군중이 "임금님이 입은 옷은 멋지다"라고 입을 모으면 그 역시 자신의 눈으로 확인했던 '벌거벗은 임금님'이 아니라 '멋진 옷을 입은 임금님'으로 바뀌는 끔찍한 군중심리에 도취될 수도 있습니다.

'언변의 마술사'라는 수식어가 붙었던 아돌프 히틀러, 그리고 이탈리아 파시즘 총통 무솔리니를 비롯해 혁명을 통해 러시아 제국을 붕괴시키고 사회주의 국가를 건설한 블라디미르 레닌 등은 집회 속의 취약한 군중심리를 잘 읽고 활용했고 한국에도 뛰어난 언변력과 군중의 심리를 자극하는 전략을 구사한 정치인을 근현대 역사에서 확인할 수 있습니다.

지금 세상은 AI인공지능을 이야기하지만 현재 군중의 심리는 그 때와 크게 달라지지 않고 있습니다. 필자는 종로에서 10여년 사는 동안 오늘날 대한민국의 군중은 자신이 원하는 정치인에 대한 맹신의 도를 넘어서 집회를 통해 숭배하는 권력자에 대한 맹신에 누군가 흠집을 내려하면 반대편을 송두리째 부정하려는 경향을 가감없이 봐 왔습니다.

상당 수 군중들은 이성적 사고는 거의 찾아보기 힘든 반면 한쪽으로 행동하는 데는 민첩하며, 특정 '편'에 편중된 사람들은 자신들이 행동이나 생각에 일체의 비판 또는 비평을 사실상 거부합니다. 이념과 사상의 차이로 인한 특정 '편'들의 갈등을 이용하여 철저히 군중심리를 이용하는 소수의 정치집단이 자신을 맹신하는 보여주는 집회의 지지를 받아 권력을 지탱하거나 찬탈할 수 있습니다. 이러한 빗나간 시각을 거꾸로 잘 활용하는 접점이 절실하게 필요합니다.

05 여론

"모든 언론 기사는 비즈니스 산물의 결과이다"
부인이 전직 경제언론 기자이고 남편이 현직 기자인 부부가 필자에게 들려준 이야기입니다.
「삼인성시호(三人成市虎)」라는 말도 있습니다. 한비자 내저설 상편에 기록된 이 말은 "근거 없는 말도 세 사람이 모이면 사실이 된다."는 뜻입니다.

국내 뉴스만 보면 '요즈음은 그렇지 않으니 옛날 말이야'하고 생각하시겠지만, 해외 뉴스까지 보면 현재에도 진행형이라는 걸 알 수 있습니다.

　　예를 들어, 2023년에 제기된 미국과 중국 간의 '정찰풍선' 여론전이 그렇습니다.

　　'中 풍선은 정찰용, 전 세계 곳곳서 활동'한다고 미국은 국제 여론전에 돌입해 있는데, 미국 정부는 미국 영공을 침입한 중국 정찰풍선이 전 세계 곳곳에서 군사 정보 등을 수집하기 위해 활동 중이라고 주장하고 있습니다. 반면 중국은 '근거 없는 조작'이라는 입장이고 거꾸로 중국은 해저 가스관 폭파 사건의 배후에 미국이 있다는 보도를 빌미로 역공에 나서고 있습니다, 진위 여부의 판단은 전적으로 여론전에 노출된 우리에게 있는 예이죠. 23년 2월 24일 조 바이든 미국 대통령이 미국 상공을 침범해 격추된 중국의 정찰 풍선을 시진핑 중국 국가 주석이 몰랐을 가능성이 있다고 말했던 사실을 보면, 더 그렇습니다.

　　오늘날과 같이 점점 더 독점화되는 세계에서 대중 매체의 거인은 점점 더 일반화되고 있습니다. 이러한 그룹은 일반적으로 미디어 제작에 관련된 수많은 다른 회사가 있는 대기업입니다. 세계 상위 미디어 그룹의 면면을 살펴보는 작업은 여론에 노출된 접점을 자신에게 어떻게 위치를 조정하여 변경하여 해석하는지에 대한 단서들을 제공합니다.

　　◎ 소니 엔터테인먼트 : 일본 소니의 자회사인데 주로 TV, 영화 및 음악

사업에 중점을 두고 있습니다. 이 거대한 회사는 캘리포니아 프로덕션, 에픽 레코드 및 컬럼비아 픽처스가 산하에서 거대한 날개를 펼치고 있습니다.

◎ 애플사 : 미국의 다국적 기술 회사인 애플의 미디어 참여는 주요 관심사가 아니지만 기술적으로 그들은 미디어 회사에 속해 있으며 스트리밍 TV 서비스를 가지고 있습니다.

◎ 뉴스 코퍼레이션 Ltd. / 21세기 폭스 : 애초에는 미디어 거물 루퍼트 머독이 소유하고 운영하는 단일 매스 미디어 회사로 시작했으나 2013년 미디어 사업과 출판 사업을 하는 두 회사로 분할됐습니다. 이전에 뉴스 코퍼레이션이 소유한 여러 언론 매체로 구성된 21세기 폭스를 머독은 2017년 713억 달러에 디즈니에 매각했습니다.

◎ 차터 커뮤니케이션스 : 미국 41개 주에 서비스를 제공하고 광대역, 케이블 TV 및 인터넷 유틸리티와 같은 서비스를 제공합하는데 기술적으로 스펙트럼 브랜드에 진입하여 미국에서 두 번째로 큰 케이블 사업자로 만들었습니다.

◎ 텐센트 홀딩스 : 중국에 기반을 둔 이 대기업은 소셜 미디어, 검색 엔진 및 대중 매체에 관여하고 있으며 서비스는 중국 뿐만 아니라 국제적으로도 상업적으로 큰 성공을 거두었습니다. 또한 세계에서 가장 큰 비

디오 게임 회사 중 하나입니다.

◎ 페이스북 : 페이스북은 전 세계 모든 사람들에게 친숙한 소셜 미디어 사이트로, 뉴스 쇼 및 소셜 채널을 통해 필터링된 많은 미디어와 같은 미디어 세계의 수많은 지점이 포함됩니다.

◎ 월트 디즈니 컴퍼니 : 1923년에 설립되어 픽사와 마블을 비롯한 여러 유명 영화 스튜디오를 인수하면서 힘을 다시 얻었습니다.

◎ 컴캐스트 : 통신 대기업으로서 케이블 및 광대역 서비스를 제공하며, NBC, MSNBC 및 유니버설 픽처스와 같은 다양한 TV 채널을 소유 및 운영하고 있습니다.

◎ 알파벳 주식회사 : 구글의 모회사로 구글은 검색 엔진과 소프트웨어에 더 집중하는 동시에 여러 이전 구글자회사의 우산 회사 역할을 하며 유튜브의 지속적인 광고 수익은 미디어 다각화를 실현하고 있습니다.

◎ AT&T : 이제는 넷플릭스 시총에 밀리고 있는데, 통신, 기술, 매스 미디어 및 엔터테인먼트 산업에 주력하고 있으며 워너 미디어의 모회사입니다.

2023년 들어 미중 정찰풍선 여론전과 더불어 미국 반도체 지원금 경쟁이 삼성전자 및 TSMC를 겨냥한 인텔의 여론전도 나타나는 등 기존의 미국 인플레이션감축법(IRA)와 더불어 미국의 여론전이 다방면에서 나타나고 있다는 측면에서 글로벌 여론전에 참여하는 그 협력자들의 네트워크 성격을 잘 파악하는 미디어그룹별 접점의 관련성을 잘 파악해야 되겠습니다.

① 전체적으로 보면 머독의 영향력이 과거보다 줄어들었고 케이블TV가 입자 수보다 온라인 동영상 구독자 수가 앞지르며 세계 최초의 OTT기업이자 세계 최대의 OTT기업인 넷플릭스가 선전하고 있습니다.

② 프랑스 최대이자 유럽에서 두 번째로 큰 미디어그룹인 비방디는 2004년에 유니버셜 픽처스 지분 80%를 GE에 넘기는 등 많이 줄어들었고 독일 최대의 미디어그룹이자 유럽 최대의 미디어 그룹인 베르텔스만(Bertelsmann)은 출판업에 여전히 주안점을 유지하고 있어 전체적으로 유럽 미디어는 아시아시장에서 영향력이 감소했습니다.

인터넷을 통해 방송 프로그램·영화·교육 등 각종 미디어 콘텐츠를 제공하는 서비스인 OTT 서비스(Over-the-top media service)의 「직설성」이 여론에 있어 접점 키워드로 더 확산될 여지가 높아 보입니다.

06
투표

"선거는 민주주의의 꽃"이라는데, 이 꽃 뒤에 숨은 가시는 무엇일까요?

모든 투표에 예외 없이 적용되는 게 '다수결'인데 이게 만능 정답이 아니라는 걸, 제 체험담을 통해 이야기하고자 합니다.

1997년 IMF구제금융을 한국정부가 신청하기 하루 전날 전혀 이 사실을 알 수 없었던 시점이었는데, 퇴근하면서 제 책상 고무판 밑에 사직서를 쓰고 퇴근합니다.

공교롭게도 그 다음 날 이 회사를 비롯한 모든 종합금융사들은 정부에 의해 강제로 영업정지가 되었고 회사 자산이 동결되며 법정청산에 들어갑니다.

전달 임금 및 퇴직금을 못 받고 있으며 사실상 퇴직 정산을 못하는 와중에, 회사가 출연한 사내복지기금을 직원 백여명이 N분의 1씩 배분하여 분배를 받는데 저를 제외시킵니다.

결국 저를 제외하고 모두가 약 4천 만원 이상으로 추정되는 97년 기준으로는 큰 돈을 옛 동료들은 다 챙겼고 굳이 퇴직정산도 못 받고 있는 (영업정지일 하루 전까지도 엄연히 저녁6시까지 일했던) 저를 자신들의 파이가 조금 작아짐으로 다수결에 의해 팽시킵니다.

만약 여러분께서 실제로 이와 같은 상황에 있게 되면, 어제까지만 해도 선배이자 후배로 생각했던 동료들에 대한 배신감에 잠을 못 이룰 것입니다.

다수결의 함정과 병폐가 되겠습니다.
백보 양보하여 다수결이 맞다고 해도, 한국은 차치하고 미국의 투표제도를 가정해도 함정이 다음과 같이 기다리고 있습니다.

사전투표제란 선거 당일 투표소를 찾지 못하는 유권자들이 부재자 신고를 하지 않고도 간단한 신분 확인절차만으로 투표를 할 수 있는 제도인데, 지난 미국 대선에서 여러 문제점들이 다각도로 노출된 바 있습니다.

이분법의 함정입니다. 이분법은 상대방을 악으로 몰고 자신을 지고지선의 존재로 자처하기에 바쁘고 제3자에게 악의 세력과 야합할지, 착한 우리 진영에 협조할지를 다그치게 됩니다. 당장 내게 이익을 줄 것 같은 포퓰리즘 공약이 넘쳐나게도 하고 절대주의가 범람하게 합니다. 달콤한 복지를 약속하지만 그 꿈같은 복지세상을 이룩하는 데 필요한 예산은 당선되고 나면 책임지지 않으며 공공 빚은 다음 세대로 떠넘기면 됩니다.

미국의 양당 제도보다 선택의 대안이 많은 한국은 더불어 전략적 투표의 덫에 걸리게 됩니다. 선택의 문제는 개인적 선택(individual choice)과 사회적 선택(social choice)을 구분하는 것인데 사표 방지 심리가 만들어내는 전략적 투표로 인해 사회 선호가 반영될 틈이 없습니다.

다수결원칙에 의한 투표제도에는 태생적으로 문제가 있다는 사실을 알고 투표의 접점을 모색해야 된다고 요약되겠습니다. 바로 콘도르세 역설(Condorcet paradox)와 보르다 역설(Borda paradox)이라는 두 가지 역설때문으로, 다카하시 쇼이치로의 '이성의 한계'(2009)에 논리적으로 잘 밝히고 있습니다.

토너먼트 투표방식

세 명의 사람 ①, ②, ③이 한국, 미국, 중국 세 국가를 놓고 어디에 투자를 갈지 결정하려 하는데 각자 선호하는 국가가 다음과 같다고 합시다.

① 미국 > 한국 > 중국
② 한국 > 중국 > 미국
③ 중국 > 미국 > 한국

이제 미국과 한국 가운데 어느 쪽을 선택할지 다수결로 정한다면 2대 1로 미국이 선택될 것입니다. 다음 미국과 중국 가운데 어느 쪽을 선택할지 다수결로 정하면 2대 1로 중국이 선택될 것입니다. 여기서 투표를 끝낸다면 이들은 중국에 투자를 하게 될 것이다. 그런데 이들 중 ②가 이의를 제기해 한국과 중국 가운데 어느 쪽을 선택할지 다수결로 정하자고 하면 이번에는 2대 1로 한국이 선택됩니다. 이것은 명백히 모순입니다. 그리고 어떤 순서로 두 국가 가운데 하나를 선택하는가에 따라 이런 모순이 반복됩니다. 이와 같이 세 명으로 구성된 집단이 토너먼트 방식으로 투표를 하는 경우 다수결의 원칙은 합리적 선택방법이 될 수 없습니다. 이런 현상은 이 문제를 처음 제기한 사람의 이름을 따 콩도르세 역설이라 하며 투표의 역설이라고도 합니다.

복수 선택지에서 하나를 선택하는 방식

앞에서 두 국가씩 비교하는 것은 일종의 토너먼트 방식이었는데 이런 방식에 문제가 있다면 비교대상인 모든 후보들을 놓고 한 번의 투표로 결정하는 방식을 이용할 수 있습니다. 그러면 이런 경우에는 모순이 발생하지 않을까요? 그렇지 않은데 이와 관련해서는 보르다 역설로 알려진 것이 있습니다. 다시 앞에서와 같이 국가를 선택하는 문제를 생각해 보는데, 이번에는 7명이 투표에 참가하는데 각자 다음과 같이 선호한다고 하자.

① 미국 > 한국 > 중국
② 미국 > 한국 > 중국
③ 미국 > 한국 > 중국
④ 한국 > 중국 > 미국
⑤ 한국 > 중국 > 미국
⑥ 중국 > 한국 > 미국
⑦ 중국 > 한국 > 미국

이제 이 집단이 가장 투자하고 싶은 국가를 하나 고르는 투표를 하면 미국(3표), 한국(2표), 중국(2표)이 되어 미국으로 결정된다. 그런데 이번에는 반대로 가장 투자하기 싫은 국가를 하나 고르는 투표를 하면 미국(4표), 중국(3표), 한국(0표)이 되어 이번에도 미국으로 결정됩니다. 따라서 '가장 투자하고 싶은 국가 = 가장 투자하고 싶지 않은 국가'라는 모순된 결과를 얻게 됩니다.

상위 두 후보 결선 투표방식

콩도르세 역설이나 보르다 역설을 피하기 위해 생각할 수 있는 것이 첫 번째 투표에서 과반수를 얻지 못하는 경우 상위 두 후보를 놓고 결선 투표를 하는 방식입니다. 실제로 이 방식은 여러 경우에 널리 사용되고 있습니다. 그런데 이 방식도 문제가 없는 것이 아닙니다. 다시 7명의 투자자가 투자국을 놓고 투표하려는데 각자 다음과 같이 선호한다고 합시다.

① 미국 > 중국 > 한국
② 미국 > 중국 > 한국
③ 미국 > 중국 > 한국
④ 중국 > 한국 > 미국
⑤ 중국 > 한국 > 미국
⑥ 중국 > 한국 > 미국
⑦ 한국 > 미국 > 중국

이 경우 가장 투자하고 싶은 국가를 놓고 일차 투표를 하면 미국(3표), 중국(3표), 한국(1표)이므로 미국과 중국을 놓고 결선 투표를 하면 미국(4표), 중국(3표)이 되어 미국으로 결정됩니다. 그런데 반대로 가장 투자하고 싶지 않은 국가를 놓고 일차 투표하면 미국(3표), 한국(3표), 중국(1표)이 되어 미국과 한국을 놓고 결선 투표를 하면 미국(4표), 한국(3표)이 되어 미국으로 결정됩니다. 이와 같이 이차 결선 투표방식을 도입하더라도 '가장 투자하고 싶은 국가 = 가장 투자하고 싶지 않은 국가'라는 모순이 발생할 수 있습니다.

"순간의 선택이 10년을 좌우합니다"
옛날 금성텔리비전 광고 카피 문구였습니다. '텔레비전 살 때 똑바로 사야지 안 그러면 10년을 고물 텔레비전을 봐야 될지 모른다'는 경고 메시지를 살짝 숨겨둔 좋은 광고였죠.

그런데 접점을 찾는 우리의 여정은 완전히 다르게 이 카피 광고문구를 다음과 같이 변형하고자 합니다.
『선거는 순간의 선택일 뿐이다.』
투표의 모순이 늘 발생하는 것은 아니지만, 다수결원칙이 우리가 생각하는 것보다 구조적으로 많은 논리적 모순을 갖고 있기 때문입니다.
'가장 선호하는 후보 = 가장 싫어하는 후보' 모순도 발생 가능할 수 있다는 걸 앞에서 인용한 사례들을 통해 알 수 있습니다.
투표의 접점은 이와 같이 불완전한 제도가 가진 결함을 이해하는 측면에서 찾아야 할 것입니다.

    이 결함은 '교육감 선거만 청소년도 하게 하자는 주장의 함정' 등 다양하게 산재해 있고 대중의 변덕과 더불어 다차원이라는 점을 추가로 부언드립니다.

07
권력

퀴즈 하나 내겠습니다.
(Quiz) 이 세상에 다분법(多分法)도 적용 안되고 중간지대도 없거나 불필요한 대표적인 게 무엇이 있을까요?
정답은 권력(權力, Power)입니다.

절충의 편집미학이 인류 역사가 시작되고 지금까지 적용되지 못하는 곳입니다.

사회학자 룩스(Steven Lukes)는 3차원적 견해에서의 '진정한 이익'을 이론화하지 않고 행위자의 개인적 선호를 '왜곡'하는 권력을 논하는 반면, 루만(Niklas Luhmann)의 권력론은 권력의 규범(code)의 공유를 상징의 능력으로 되돌렸기 때문에, 여러 행위자 간의 차이를 무시하고, 규범은 여러 행위자 간에 한결같이 공유된다고 하는 논리로 접근합니다.

우리나라 헌법에는 제1조 제2항에 딱 한번 권력이라는 단어가 등장합니다.
그만큼 언론 지상에서는 많이 거론되는 단어이지만, 법학이나 사회 정치학적 측면에서 딱 부러지게 명쾌한 정의가 어려운 영역이라는 걸 암시합니다.
접점을 찾는 이 책의 여정에서는 권력을 프리드릭(Carl Joachim Friedrich)의 '실체개념,' '관계개념' 관점에서 살펴보고자 합니다.
독일계 미국인으로 자신이 태어난 독일에서 진행된 전체주의에 영향력을 받아 거꾸로 정치학적으로 접근하였습니다. 1956년의 그의 저서 '전체주의 독재와 전제 정치(Totalitarian Dictatorship and Autocracy)'가 대표적이죠.
우리는 흔히 전체주의를 세계 대전 당시 주축국이었던 독일 · 이탈리아 · 일본 또는 2차 대전 이후 소비에트 연방 · 중화인민공화국의 정체를 지칭하는 용어로만 접근했는데, 그는 냉전 시기 '자유 진영'이라고 불리는 집단에서 일반적으로 쓰이는 '전체주의'에 대한 정의를 다음 6가지로 특징화하였습니다.

ⓐ 유일 사상이 존재한다.
ⓑ 유일 합법 정당이 존재한다.
ⓒ 비밀경찰에 의한 테러 정치가 이루어진다.
ⓓ 정비된 무기에 관한 독점이 이루어진다.
ⓔ 문화 및 미디어에 대한 광범위한 통제가 이루어진다.
ⓕ 국가 계획에 의한 통제 경제가 이루어진다

이 외에는 질병의 본질적 성질을 연구하는 의학의 한 분야인 병리학(病理學, pathology)적 측면에서 정치를 조명하고 권력의 실체를 파악해야 된다고 봤습니다.

질병의 본질적 성질을 취급하는 의학인 병리학이 병을 일으킨 신체의 조직이나 기관의 기질적 변화 및 기능적 변화를 연구해야 하므로 해부학 및 조직학과 밀접히 관련 있습니다.

권력에서 접점을 찾는 우리 여정도 위에서 거론된 6가지 병폐만 없다면 사회의 조직이나 경제의 기질적 변화를 관찰하는 관점에서 경제구조학과 사회조직학과 밀접히 관련지어 권력의 실체를 파악해야 된다고 결론짓고자 합니다.

권력이 형성되고 무너지는 과정을 주홍글씨 차원에서 브랜드화하려는 한국의 기존 관성으로는 권력의 실체개념도 왜곡되고 권력의 관계개념도 부분적으로만 파악될 수 있기 때문입니다.

2차 세계대전이 끝난 1945년부터 거의 80년 가까이 시간이 흘렀습니다.
두 번의 세계대전이 끝나면 바로 봄이 올 거 같았지만 소비에트 연방 건립과 이에 반작용하는 매카시즘(McCarthyism)이 1950년부터 1954년까지 미국을 휩쓸고 냉전으로 이어졌고 연방은 해체되었지만 러시아의 우크라이나 침공은 1주년을 맞이하며 진행형이며 서구 및 아시아 각국은 금리인상의 경제부담에도 불구하고 군비 증가세가 뚜렷합니다.

권력은 한국에서 1945년 해방부터 거의 80년 가까운 시간 동안 다양한 형태로 변형되었습니다. 1948년 정부 수립 후에는 바로 봄이 올 거 같았지만 한국전이 발발하며 3년을 휩쓸었고 권력의 형태는 의원내각제까지 나타나며 여러 가지 시도해보았지만 경제는 서방 원조에만 의존했고 박정희 정권이 장기 집권하는 권력의 기형화가 있었지만 경제는 원조에서 수출주도형으로 바뀌었고 시간이 지나 그의 장녀는 탄핵정국의 희생양이 되었고 그 때 광화문에 많은 군중들은 많이 모였지만 이후 경제는 버블 경제의 롤러코스터가 진행되고 있습니다.

한국 사회의 급격한 저출산·고령화 조직을 치유하거나 경제의 기질적 하부기반 붕괴 변화를 막고 새로운 모델을 탐사·관찰하는 관점에서 권력의 실체적 접점을 찾아야 할 때가 되었습니다.

저의 계산에 의하면, 앞으로 20년 안에 대외적으로나 대내적으로 동시에 닥치는 엄청난 시련이 올 가능성이 높아 보이기 때문입니다.

권력승계 이후 집권세력에 의한 체제유지의 연속성 측면에서 한국은 별 변화가 없으나, 프랑스 러시아 북한 등에서 기존 패턴의 변화 조짐을 2023년 읽을 수 있습니다.

2023년 들어 북한은 김주애가 열병식에 모습을 보이는 등 각종 주요 행사에 등장하며 국제적으로 화제가 되고 있습니다. 2022년까지만 해도 김정은 부근에 자리 잡았던 김여정은 구석자리로 옮겨가는 등 북한 서열 구도에 변화 흐름도 나타나며 4대 세습을 미리 준비하는 양상입니다. 북한 매체들이 의도적으로 마음먹고 김주애를 부각시키고 있다는 측면에서 북한 권력 향방을 읽는 새로운 접점이 제시되고 있다고 봐야겠습니다.

프랑스에는 과거 프랑스 제5공화국 역사상 사회당이 배출한 최초의 대통령이자 역대 프랑스 대통령 중 최장기간 재임한 프랑수아 미테랑 대통령의 14년 권력 사례가 있었습니다. 1977년생인 현재의 에마뉘엘 마크롱 대통령은 2017년 5월 7일 열린 제25대 대통령 선거 2차 결선 투표에서 마린 르 펜 후보를 누르고 당선되어 기존까지의 거대 양당이었던 사회당이나 공화당 소속이 아닌 비주류 정권이자 '제3지대'라는 측면에서 1958년 프랑스 제5공화국 출범 이후 60여년 만에 처음 있는 변화였습니다. 프랑스 건국 이래 역사상 가장 젊은 최연소 대통령인 그가 2022년에는 20년 만에 재선에 성공하여 주류로 우뚝섰다는 점에서 「3지대에서 주류」라는 프랑스의 권력 접점을 읽을 수 있습니다.

1952년생인 러시아 블라디미르 푸틴 대통령은 러시아의 제6대 총리 이후 2008년까지 러시아의 제2대 대통령이었고 3선 연임이 불가능하다는 점 때문에 자신의 측근인 드미트리 메드베데프를 러시아 연방 대통령 후보로 앉히고, 대통령이었던 그가 제10대 총리로 되는 변신도 했습니다. 이후 2012년부터 다시 러시아의 제4대 대통령에 취임해 임기가 2024년에 끝나지만 2020년 개헌 국민투표로 인해 과거와 달리 현재의 4번째 임기를 넘어 2036년까지 크렘린에 남을 수 있게 제도적으로 바뀌었습니다. 집권세력에 의한 사실상 종신 체제유지라는 점에서 러시아 권력의 접점이 2020년부터 바뀐 점이 달라진 포인트입니다.

CHAPTER 4

생산

판매

구매

유통

건설

경제학적
접점

금리

주식

세금

부동산

스포츠

01
생산

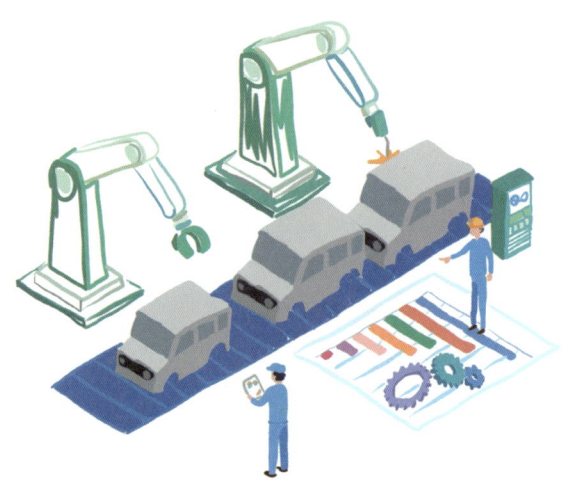

생산자물가지수(Producer Price Index, PPI)는 생산자 입장에서 측정한 물가로, 생산자가 물건과 서비스를 만드는 데 사용하는 상품과 서비스의 평균가격입니다.

생산자물가지수는 총지수의 추정을 위해 표본설계되어 있으므로 최하위 분류단위인 품목별 지수는 통계적 유의성이 떨어질 수는 있으나 실생활에 있어 중요한 품목 리스트임에는 분명합니다.

소비자물가지수 조사대상품목에 포함되지 않는 원재료·중간재·최종자본재 등도 조사대상에 포함되는 특징이 있고, 국내생산자의 제1차거래 단계에서 모든 재화 및 서비스의 평균적인 가격변동이기 때문이죠.

상품을 농림수산품, 광산품, 공산품, 전력·가스·수도로 나누어 지표를 공표하고 서비스 지표도 작성하는데, 특수 분류로 식료품-식료품 이외, 신선식품-신선식품 이외, 에너지-에너지 이외, IT-IT 이외, 식료품 및 에너지 이외, 신선식품 및 에너지 이외, 식료품 및 에너지 이외, 신선식품 및 에너지 이외로 분류하여 지수를 생산합니다. 경제학과 출신이 가장 많이 실수하는 부분은 이 지수의 구체적인 구성요소들을 항목별로 한 번도 안 살펴보고 있다는 점입니다. 생산이 빠진 경제학은 반쪽 학문이고 생산을 알기위해서는 구성 항목들을 구체적으로 꼭 살펴보아야 되기 때문에, 이 기회에 이 구성항목들을 다소 지겹더라도 같이 읽어봅시다. 이러한 노력을 바탕으로 생산 접점이 비로소 만들어지기 때문입니다.

쌀 보리쌀 콩 감자 고구마 배추 시금치 상추 부추 수박 참외 오이 호박 토마토 딸기 파프리카 무 풋고추 건고추 마늘 파 양파 생강 버섯 피망 양배추 사과 배 복숭아 포도 감귤 감 절화류 분화류 인삼 한약재료 잎담배

참깨 들깨 생우유 쇠고기 돼지고기 닭고기 오리고기 달걀 벌꿀 원목 산나물 밤 가자미 넙치 조기 갈치 고등어 우럭 기타어류 멸치 게 새우 굴 조개 전복 물오징어 냉동고등어 냉동꽃게 냉동오징어 냉동새우 냉동명태 명태건제품 멸치건제품 오징어건제품 김

무연탄 모래 쇄석 석회석 규석 천일염 햄및베이컨 소시지 가금류포장육 육지동물포장육 우유 분유 조제분유 요구르트 치즈 아이스크림 빙과 어묵 참치통조림 조미가공품 맛김 미역 염장품 젓갈 밀가루 부침가루 정제당 전분 물엿 과당 떡 식빵 케이크 빵 스낵류 초콜릿 캔디 껌 국수 라면 고추가루 마요네즈 혼합조미료 혼합소스 간장 된장 고추장 커피크리머 참기름 식용정제유 유지가공품 대두박 김치 단무지 농축과실즙 농축채소즙 과실주스 잼및젤리통조림 냉동채소 건조채소 견과가공품 인스턴트커피 커피믹스 차 원두커피 홍삼 인삼과자 건강기능식품 두부 냉동만두 김밥 도시락 레토르트식품 선식 씨리얼식품 조제수프 알가공품 기타냉동조리식품 양우용배합사료 양돈용배합사료 양계용배합사료 애완동물사료 사료첨가제 양어용배합사료 주정 소주 맥주 탁주 위스키 콜라 사이다 과실음료 알카리성이온음료 두유 커피음료 인삼음료 생수 얼음 담배

순면사 면혼방사 모사 순합성섬유사 재봉사 커버링사 면직물 모직물 합성섬유직물 파일및셔닐직물 침구 커튼 차량의자커버 천막및덮개 직물포대 타월 부직포 끈및로프 타이어코드및타이어직물 비닐도포직물 솜 카펫 남성용정장 남성용자켓및점퍼 여성용정장 여성용자켓및점퍼 여성용내의

남성용셔츠 여성용셔츠 운동복 작업복 유아용의복 남성용내의 스웨터 양말 장갑 모자 소가죽 가방 핸드백 지갑 구두 운동화

각재 마루용판재 일반합판 가공합판 파티클보드(PB) 중밀도섬유판(MDF) 목재문,창문및틀 목재깔판 목재상자 화학펄프 신문용지 백상지 중질지 박엽지 아트지 정보용지 크라프트지 골판지원지 백판지 적층가공지 포장지 위생용지 골판지상자 종이포대 종이가방 판지상자및용기 식품용종이용기 지관 복사용지 컴퓨터용지 노트 바인더 화장지 종이기저귀 종이타월 벽지 종이라벨 식품용종이제품

석탄코크스 연탄 나프타 휘발유 제트유 등유 경유 중유 벙커C유 프로판가스 부탄가스 윤활유 그리스 아스팔트 재생유 솔벤트 에틸렌 프로필렌 부타디엔 벤젠 톨루엔(메틸벤젠) 자일렌(크실렌) 이염화에틸렌 염화비닐모노머 옥탄올 에틸렌글리콜 폴리프로필렌글리콜 페놀 스티렌모노머 디니트로톨루엔 무수프탈산 테레프탈산 아크릴레이트 메틸메타크릴레이트 메틸티셔리부틸에테르 아크릴로니트릴 메틸렌디이소시아네이트 톨루엔디이소시아네이트 카프로락탐 아세톤 가소제 비스페놀에이 ECH(에피클로로히드린) 수소 질소 산소 이산화탄소 아르곤가스 가성소다 카본블랙 과산화수소 황산 탄산칼슘 핵연료 산화아연 분산염료 마스터배치 유연제 폴리에틸렌수지 폴리스티렌수지 ABS수지 PVC수지 폴리프로필렌수지 에폭시수지 폴리에스터수지 폴리우레탄수지 엔지니어링플라스틱수지 실리콘수지 페놀수지 재생수지 스티렌부타디엔고무 부타디엔고무 스티렌부

타디엔라텍스 폴리아미드섬유 폴리에스터섬유

의약품원료 백신 혈액및체액용약 의약품완제 한의약품 동물용의약품 의료품 복합비료 유기질비료 가정용살균및살충제 농업용살충제 농업용살균제 제초제 유성페인트 수성페인트 우레탄도료 에폭시도료 신너(복합솔벤트) 옵셋잉크 그라비아잉크 유기계면활성제 조제계면활성제 화장비누 세탁용합성세제 주방용합성세제 치약 화장크림 로션및오일 화장수 파운데이션 샴푸 염색약 자외선차단제

합성수지접착제 토너및토너카트리지 가공및정제염 화약및폭약 포토레지스트 산화방지제 안정제 금속표면처리용화합물 활성탄 휴대용연료 반도체용식각제 자동차촉매 플라스틱섀시바 플라스틱파이프 플라스틱호스 플라스틱연결구류 폴리에틸렌필름 폴리프로필렌필름 폴리에스터필름 폴리염화비닐필름 플라스틱필름및시트 합성피혁 플라스틱장판 플라스틱타일 위생용플라스틱제품 플라스틱창문및문 플라스틱포대및봉투 플라스틱병 플라스틱뚜껑 컨테이너박스 운송장비용플라스틱제품 핸드폰케이스 전기및전자기기용플라스틱제품 기계용플라스틱제품 폴리스티렌발포제품 우레탄발포제품 접착테이프 플라스틱주방용품 가구용플라스틱제품 플라스틱사무및문구제품

승용차타이어 버스및화물차타이어 재생타이어 공업용고무롤 고무호스 고무벨트 고무패킹 고무스폰지및발포성제품 배합고무 방진고무 고무매트

판유리 평판디스플레이용유리 ITO코팅유리 유리섬유 차량용안전유리 차량용이외안전유리 차량용거울 유리용기 가정용도자기 위생용도자기 세라믹제및페라이트자석 페라이트코어

내화벽돌및블록 내화시멘트 점토벽돌 점토타일 포틀랜드시멘트 고로슬래그시멘트 레미콘 비내화모르타르 콘크리트벽돌및블록 인조대리석 콘크리트벽면 콘크리트파일 콘크리트전주 흄관및VR관 생석회 플라스터제품 건설용석제품 연마지및포 아스콘 암면제품 내화물용원료

선철 합금철 슬래브 빌렛 강괴 일반철근 고장력철근 봉강 형강 선재 궤조 중후판 스테인리스중후판 열연강대및강판 보통철선 경강선 PC강선 냉간압조용강선 스테인리스강선 아연도강선 타이어보강강선 주철관 용접강관 강관연결구류 냉연봉강및냉연형강 냉연강대 스테인리스냉연강판 아연도금강판 주석도금강판 갈바륨강판 컬러강판 도금및피복강관 알루미늄도금강판 철강절단품 동1차정련품 알루미나 알루미늄1차정련품 알루미늄2차정련품 연1차정련품 아연1차정련품

금괴 은괴 니켈괴 동봉 나동선 동판 동관 알루미늄섀시바 알루미늄봉 알루미늄선 알루미늄판 알루미늄박 알루미늄관 세금선 동분말 텅스텐1차제품 회주물(보통주철) 가단주물 구상흑연주물 보통강주물 알루미늄주물 동주물 건물용철문 금속제창문 건축용금속공작물 건축용판금제품 조립식건축물용금속패널 저장용금속탱크 압력용기 방열기 증기발생보일러 보

통강단조물 특수강단조물 분말야금제품 자동차용프레스가공품 알루미늄제주방용품 스테인리스주방용품 싱크상판 자동차용철물 디지털도어록 건물용철물 가구용철물

절삭공구 볼트및너트 와셔 코일스프링 판상스프링 철망 와이어로프 스틸캔 알루미늄캔 드럼통 병마개 비식품포장용기 금속표시판 용접봉 금속제파킹

트랜지스터 LED 감광성반도체소자 실리콘웨이퍼 태양전지 DRAM 플래시메모리 시스템반도체 TV용LCD 노트북용LCD 모니터용LCD LCD용백라이트유니트 LCD편광필름 OLED 동박적층판 페놀인쇄회로기판 에폭시인쇄회로기판 고정식축전기 고정저항기 변성기 전자코일 표시기 센서 포토마스크 스마트카드 리드프레임

데스크탑PC 노트북 컴퓨터기억장치 컴퓨터모니터 컴퓨터입력장치 비디오도어폰및인터폰 휴대용전화기 휴대폰용카메라모듈 무선통신용교환기 위성방송수신기 위성방송수신용안테나 TV 영상저장장치 안테나 차량용오디오 스피커 앰프세트

의료용방사선장치 초음파진단기 광선치료기 치과용임플란트 치과기공소제품 안경및안경렌즈 주사기및수혈세트 내비게이션 리모콘 전자기측정및분석기계 반도체검사장비 공해계측기 재료시험기 가스공급계기 전기공

급계기 속도계 온도자동조절장치 공업계기

폐쇄회로카메라 광학렌즈 BLU용광학필름 소형전동기 중대형직류및교류전동기 발전기 송배전변압기 산업용변압기 특수목적용변압기 안정기 인버터 무정전전원장치 배터리충전기 배선용차단기 누전차단기 전기개폐용스위치 계전기 커넥터 배전반 전기자동제어반 프로그램컨트롤러

일차전지 납축전지 알칼리축전지 광섬유케이블 전력선 통신선및제어선 절연전선 권선 절연코드및코드세트

가정용냉장고 김치냉장고 가정용전자레인지 가정용전기밥솥 가정용전기믹서기 가정용식기세척기 렌지후드 가정용가스보일러 가스레인지 가스오븐레인지 가정용세탁기 가정용전기청소기 전기비데

형광등 LED등 조명등 차량용조명기구 형광등부착물 옥외용조명장치 도난,화재및유사경보기 교통신호장치 저항용접기 스타터모터 점화및기타목적용와이어링하네스 와이퍼및서리제거용열선 자동차전자제어

선박용엔진 기계용엔진 내연기관부분품 산업용액체펌프 진공펌프 냉매압축기 차량에어컨용압축기 유압실린더및유압시스템 유압펌프 공기압축기 유압및공기압전송용밸브 감압밸브 체크밸브 안전밸브 수전 자동조절및원격조절밸브 볼베어링 롤러베어링 변속기 기어및기어링 동력전달용체인

지게차 엘리베이터 주차기 컨베이어장치 호이스트 물품취급용크레인 가정용에어컨 차량용에어컨 시스템에어컨 에어핸드링유니트 산업및상업용냉장고 산업용냉동기 냉각탑 냉동,냉장쇼케이스 공기조절장치부품 공기청정기 정수기 송풍기 복사기 현금자동지급기 신용카드조회기 금전등록기

소각로 전기로 열교환기 포장기및용기세척기 소화기 농업용트랙터 농업용콤바인 농업용건조기 굴삭기 콘크리트믹서및펌프카 로더및불도저 건설용기계부품 광산기계 머시닝센터 수치제어식선반 밀링기 기계프레스 금속압연기 프레스용금형 몰드베이스

웨이퍼가공장비 반도체조립장비 칩마운터 평판디스플레이제조장비 산업용로봇 인쇄기계 플라스틱사출성형기 산업용건조기 금속표면처리기

경승용차 소형승용차 중형승용차 대형승용차 RV자동차 친환경차 소형버스 중형버스 대형버스 소형트럭 중형트럭 대형트럭 특장차
.
자동차용엔진 자동차차체 자동차차체부분품 동력전달장치 현가장치및부분품 제동장치및부분품 조향장치및부분품 차륜및부분품 배기장치및부분품 안전벨트및부분품 에어백및부분품 자동차용의자 라디에이터및부분품 연료탱크 모터사이클
싱크대 거실및서재용가구 침대 침실용가구 책상및의자 공공시설가구 사무용금속제의자 금속제캐비닛 사무용금속제책상 매트리스 소파

장난감 체조,육상및체력단련용장비 놀이터용장비 낚시및수렵용구 필기구 지퍼 담배필터 칫솔 청소용비및솔

주택용전력 일반용전력 산업용전력 주택용도시가스 일반용도시가스 산업용도시가스 증기 지역난방 가정용수도 영업용수도 업무용수도 하수처리 분뇨처리 폐기물수집운반처리

철도여객 도시철도 철도화물 시내버스 시외버스 택시 전세버스 도로화물운송 내항여객 내항화물 외항화물 국제항공여객 국내항공여객 항공화물 유료도로운영 주차장운영 항구및해상터미널시설운영 항공터미널시설운영 철도하역 항만하역 일반창고운영 냉장및냉동창고운영 농산물창고운영 우편 택배

한식 중식 일식 서양식 기관구내식 기타외국식 제과점 햄버거및피자전문점 치킨전문점 분식및기타간이음식점 비알콜음료점

호텔 여관 휴양콘도

초고속망인터넷서비스 유선전화서비스 전용회선서비스 이동통신서비스 회선설비재판매서비스 전자지급서비스 온라인콘텐츠서비스 소프트웨어개발공급 IT시스템관리및호스팅서비스

신문 교과서및학습서적 일반서적 잡지및정기간행물 영화관
원화수입수수료 신용장취급 외국환취급 펀드수수료 카드가맹점수수료
화재보험 해상항공보험 자동차보험 특종보험 보증보험 위탁매매수수료

주거용건물임대 비주거용건물임대 주거용부동산관리 비주거용부동산관리 부동산중개 부동산감정평가.

변리사 관세사 공인회계사 세무사 TV광고 라디오광고 신문광고 잡지광고 인터넷광고 모바일광고 건축설계 건설엔지니어링 측량 기술시험검사 장비용품운용리스 자동차임대 건설중장비임대 개인및가정용품임대 컴퓨터및사무용기기임대

건축물청소 소독서비스 인력공급 보안서비스 일반학원 기술및직업훈련학원 예술학원 스포츠학원 여행사및여행보조서비스 스포츠서비스 오락서비스

자동차수리 전자통신기기및가정용품수리 이미용서비스 가정용세탁 기타 개인서비스.

접점을 찾는 우리의 여정에 있어 생산은 생산자물가지수를 이루는 품목의 존재 인식에서 시작되며, 생산은 의외로 식당·학원·미용실·택배·복덕방·택시운행 등 우리 생활에서 이루어지고 있는 측면에서

접점도 의외로 가까이 있습니다.

    연쇄로우(Lowe)산식으로 지수가 산정되고 있는데, 가중치가 선정된 품목 및 유사품목의 국내 출하액이 모집단 금액에서 차지하는 비중을 천분비로 나타내어 물가지수내 조사대상 품목의 중요도에 반영된다는 뜻입니다.

    이 말의 암묵적으로 내포하고 있는 접점 메시지는 위의 품목들 중에서 ① 브랜드화를 하여 소비자들 간의 직접적인 관련성을 높이거나 ② 경쟁 공급 요인이 감소되거나 차별화에 성공하여 과점 내지 독점력을 조금이라도 높이거나 ③ 지속적인 품질관리로 소비자들의 신뢰를 높일 경우, 어느 순간 큰 돈을 벌 수 있다는 이야기가 되겠습니다.

02
판매

10년 전까지만 해도 서울의 큰 재래시장을 다니면 어디엔가 '광천김 판매'라는 간판 내지 알림 문구를 볼 수 있었던 때가 있었습니다.
국내 최초 기기를 도입했다고 해당 제작사는 밝히고 있는데 지금은 이와 비슷한 맛을 내는 김이 많아져서 그런지 예전처럼 시장에서 따로 파는 경우를 찾기 힘들죠.

재미 있는 점은 이마트를 운영하는 신세계 그룹이 "노우 브랜드"라는 자체 브랜드를 만들어 광천김과 상당히 유사한 맛을 내는 김을 이마트에서 팔고 있는데, 이마트 인터넷 판매사이트 SSG.COM에 가보면 '노우브랜드 김'이 가장 많이 팔리고 있는 걸 확인할 수 있습니다.

이러한 사례는 제조보다 판매사가 더 상대적 우위를 보이는 일종의 「힘의 이전 현상」으로 해석할 수 있습니다.

필자의 지인은 원래 생고무 등의 원자재 무역업에서 사업을 시작했는데 어느 순간 식품회사를 하나 차렸습니다. 우리가 알다시피 롯데제과 오리온 등 과자를 만드는 회사들이 오랜 역사를 가지고 엄연히 시장 과점상태인데, 과자 식품회사를 만드는 용기에 놀라면서도 다소 기대는 제가 안했습니다.

그런데 5년 정도 시간이 흘렀는데 소위 대박이 났습니다.

대부분의 과자는 이마트 홈플러스 등에서 판매되고 있는데, 할인 없이 정가에 물건을 파는 편의점 GS25와 같은 곳에서는 대형마트와 다른 과자들을 팔고 싶어 했고 편의점 판매용 과자를 만들어 수치로 보여주는 좋은 매출을 수년 째 보여주었습니다.

현재 이 과자식품회사는 M&A시장에 나와 있고 5백억 이상이면 팔 용의가 있다고 하는데, 기존의 유수 과자식품회사들 중의 일부가 의사를 표명하는 단계입니다.

이 회사는 매출액 대비 약20%의 순이익률을 수년 째 보여주고 있는데, 이렇게 높은 ROE(Return On Equity, 자기자본 이익률)이 나타나는 이유는 2백억 이상의 매출 규모임에도 직원은 10명 밖에 안되기 때문입니다. 즉 자체 설비제조 공장이 없습니다. 어떤 과자를 개발하여 상품화하고 나서 그 과자생산은 다른 회사의 제조공정 라인 일부를 빌려 위탁생산시킵니다.

이 사례는 『판매』를 할 힘인 세일즈 파워만 있다면 굳이 공장 부지를 사고 설비를 들여놓고 제조인력을 채용하여 운영하지 않고도 얼마든지 위탁 OEM생산으로 생산 비용을 줄이고 간접 비용화하여 높은 ROE 이익률을 실현할 수 있음을 웅변적으로 이야기해줍니다.

앞서 이마트가 이전에는 광천김을 팔았지만, 조그만 마진 떼기를 하느니 차라리 '노우 브랜드'라는 자체 브랜드로 생산하여 유사한 맛을 광천김 판매가보다 조금 낮게 책정하니, 점차 소비자들에게 인정 받아 지금은 불티나게 팔리는 것과도 같은 맥락입니다.

특히 필자의 지인의 경우, 판매가 꼭 대형마트를 통해서 이루어져야 되는 게 아니고 곳곳에 노출된 편의점에만 찾을 수 있는 과자들을 시장에 내놓은 「특정 판매용 상품」이라는 새로운 접점을 기존 과자업계가 외면한 틈새를 뚫었다고 요약됩니다.

세일즈포스의 8번째 '글로벌 마케팅 트렌드 보고서(State of Marketing Report)'에 따르면, 마케팅 전문가들은 ▲고객경험 향상을 위한 혁신적인 채널 발굴 ▲강화되는 개인정보보호정책에 대비하기 위한 전략 수립 ▲실시간 인텔리전스를 통한 KPI 향상 ▲브랜드 가치 제고를 위한 마케팅 메시지 전달 등을 중점 고려하고 있다고 보고하고 있습니다.

여기서 첫 번째로 거론하는 '채널 발굴'이 꼭 혁신성에서만 찾을 게 아니라 직전에 언급드린 필자 지인의 사례처럼 채널 내 미묘한 차이점을 최대한 활용하면서도 실현될 수 있다는 점이 우리의 판매 접점 포인트였습니다.

그리고 네 번째로 거론된 '브랜드 가치 제고'도 대부분이 총체적인 브랜드의 가치 제고로 접근하는데, 필자 지인의 사례처럼 '편의점용 브랜드'라는 세분화된 브랜드들의 가치 접근도 또 다른 판매 접점 시각이 되겠습니다.

핵심 성과 지표 KPI의 경우 웹사이트의 매출뿐만 아니라 신규 회원 가입·유저 체류시간·이탈률 등 지표를 함께 보듯이, 편의점 내 과자 판매를 당초 노렸던 필자의 지인은 편의점 내 빵 판매 라인업도 독특하게 구성하는 등의 종합적인 시도도 벤치 마크해야 할 판매 접점입니다.

MOT(Moment of Truth) 마케팅의 개념은 80년대 스칸디나비아 항공(SAS)의 사장인 얀 칼슨(Jan Carlzon)이 새로운 경영기법으로 만들어 낸 용어입니다.

MOT란 스페인의 투우 용어인 'Moment De La Verdad'를 영어로 옮긴 것인데, 원래 이 말은 투우사가 소의 급소를 찌르는 순간을 말하는데 '피하려 해도 피할 수 없는 순간' 또는 '실패가 허용되지 않는 매우 중요한 순간'을 의미합니다.

'결정적 순간'이라고 할 수 있죠.

39세의 젊은 나이로 스칸디나비아항공(SAS: Scandinavian Airlines)의 사장에 취임한 얀 칼슨은 스칸디나비아항공에서는 대략 한 해에 천만 명의 고객이 각각 5명의 직원들과 접촉했으며 1회 응대시간은 평균 15초였고 15초 동안의 짧은 순간순간이 결국 스칸디나비아항공의 전체 이미지, 나아가 사업의 성공을 좌우함을 깨닫고 이 짧은 접점에 충실하도록 했습니다.

이러한 진실의 순간의 개념을 도입한 칼슨은 스칸디나비아항공을 불과 1년 만에 연 800만 달러의 적자로부터 7,100만 달러의 흑자경영으로 전환시켰습니다.

접점의 중요성을 보여주는 사례가 되겠습니다.

03
구매

같은 품목이라면 최저가 또는 근사치에 구매하기 마련입니다. 그런데 최저가 비교사이트는 에누리닷컴 다나와 등의 최저가는 진짜 최저가가 아닌 경우가 의외로 심심찮게 발생하고 그 가격 조차도 주중·주말·낮·저녁·심야에 따라 달라지기도 합니다. 전자의 경우 옥션 지마켓 인터파크 등 소위 오픈마켓(Open Market)의 가격만 비교해서 그렇고 후자는 주말에 가격 비교하는 잠재구매자는 더 오랜 시간 인내를 가지고 최저가를 검색할 의지와 시간이 있기 때문에 호가가 평일 낮보다 더 내려갈 수 밖에 없는 판매자의 위치 때문에 발생합니다.

가격 이외에 구매 의사결정에 고려해야 할 접점 중 A/S 서비스 등과 같은 일반적 요인 외에 특수 요인들을 살펴봅시다.

제품의 라이프 싸이클이 예상 밖으로 단축될 경우

기술IT제품의 경우 도입기(Introduction stage)에 구매할 경우 구매 후 한두 달 밖에 안 지났는데 시중가가 구매가 대비 현저하게 낮아지는 경우가 실제로 있습니다.

폴더블폰 갤럭시Z폴드4는 출시 5개월 만에 자급제 단말기 판매 가격이 50만원 가량 떨어졌는데, 성능과 디자인 변화에 민감한 폴더블폰의 특성상 새 플래그십 스마트폰 갤럭시S23이 사전예약에 나서자 빠르게 재고 정리에 돌입하며 이러한 현상이 나타났습니다.

남들보다 신제품을 빨리 구매해서 사용해야 직성이 풀리는 소비자를 일컫는 얼리 어답터(early adopter)가 제품이 처음으로 시장에 등장하는 시기에 부담해야 할 리스크가 되겠습니다. 등대를 밝히는 소비자(lighthouse customer)가 될 정도의 열정과 관련성이 없다면 되도록 2)성장기(Growth stage)·3)성숙기(Maturity stage)에 합리적인 가격으로 구입하거나 또는 4)쇠퇴기(Decline stage)에 떨이 가격으로 접근하는 방법도 좋은 접점이 되겠습니다.

제품 부품의 비표준화로 인한 혼돈

2022년 6월 유럽연합(EU)은 USB-C 타입으로 모바일기기 충전규격 통일을 의결했습니다. 다양한 규격 혼재로 인한 소비자 불편과 경제 부담, 그리고 환경문제 및 시간이 지난 뒤 수리불편 등으로 상품의 본 기능은 멀쩡하게 작동하는데 충전 단자 고장으로 다시 물건을 사야 되는 경우가 제법 발생했습니다.

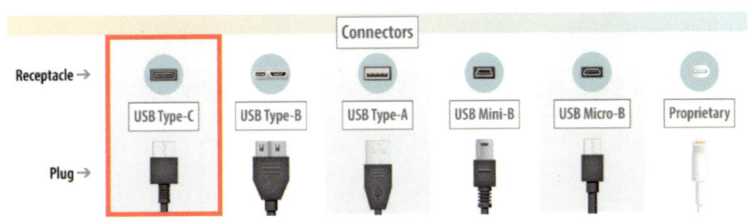

USB 유형별 비표준화 사례

TTA(20핀), 미니 USB(2핀), 마이크로USB(5핀)라는 복수 표준 체제에서 2010년대 초반 피처폰 몰락과 스마트폰 시대 본격 개화는 마이크로USB로 통일을 촉진하는 듯 했습니다. 그러나 애플이 일부 제품에 USB-C를 탑재했지만 아이폰에는 여전히 라이트닝(8핀)을 사용 중일 뿐만 아니라 애플은 EU의 표준화 조치가 혁신을 저해해 시장 다양성이 사라지고 라이트닝 폐기물을 양산할 것이라며 반발하는 등 제품 부품의 비표준화로 인한 혼돈을 인지하는 구매 접점 접근이 중장기적으로 필요해 보입니다.

그런데 이렇게 특정 품목에 대해 단발성으로 그치는 구매가 아니라, 지속적으로 구매가 이루어질 수 밖에 없다면 구매의 척도는 많이 달라지게 됩니다.

물품의 지속적인 공급 보장성

제조업체는 원자재를 구매하여 가공하거나 1차 제품을 구매하여 2차 공정을 하는 식이 대부분의 주된 과정입니다. 이 때 한시적으로 구입가가 낮다고 해서 구매선을 변경했는데, 변경된 구매선이 시간이 지난 후 어느 순간 물품을 지속적으로 공급해주지 못해 낭패를 보는 경우가 있습니다. 설비 등 이미 투입된 고정비 비중이 높고 제조인력 자체를 증원하거나 감원하기가 쉽지 않고 기존의 인력은 공정 라인이 멈추더라도 고용자 입장에서 인건비 부담이 지속되는 준 고정비이므로, 원자재 또는 1차 제품 구입선에서 장애가 발생할 경우 부담해야 되는 손실 규모는 상당하게 늘 수 있습니다.

옥션·지마켓·11번가의 판매수수료 평균은 약 13%로 조사되고 있고 티몬은 평균 12%이고 쿠팡은 평균 10.8% 수준입니다. 다음은 쿠팡의 판매 기준수수료 테이블인데 배송비 결제 수수료 3%(VAT 별도)를 제외한 수치입니다.

쿠팡의 판매수수료 현황

카테고리	수수료	카테고리	수수료
가전디지털	5 ~ 7.8%	뷰티	9.60%
가구 / 홈인테리어	10.80%	생활용품	7.8 ~ 10.8%
도서	10.80%	식품	5.8 ~ 10.9%
음반	10.80%	완구 / 취미	7.8 ~ 10.8%
문구 / 사무용품	7.8 ~ 10.8%	자동차용품	6.8 ~ 10%
출산 / 유아	6.4 ~ 10%	주방용품	7.8 ~ 10.8%
스포츠 / 레저용품	7.6 ~ 10.8%	패션	4%(주얼리) ~ 10.5%(의류)
반려 / 애완용품	10.80%		

 결국 판매자입장에서는 오픈마켓에 내는 두 자리수 수수료율 부담을 커버하고 추가 택배비 등의 보이지 않는 부담까지 산정하여 팔 수밖에 없어 단발성 구매를 하더라도 같은 품목이라면 네이버가 「네이버 페이 일반 카드 판매수수료 2.75~3.63% + 네이버 쇼핑 매출연동 수수료 2%」 수준임을 감안하여 추가적인 최저가를 검색하는 작업도 도움됩니다.

 문제는 연속적이고 대량 구매가 이루어진다면, 구매담당자가 아니라 오너 및 사장이 꼭 구매에 관여하는 접점 유지가 중요하다는 점입니다.
 20인 이상의 기업 상당 수가 구매부 또는 구매담당자를 따로 두어 전권을 맡기는 경우가 많은데, 이러한 구조에서는 물품 공급업체가 시간이 흐르면 구매에 따른 커미션을 교묘하게 구매담당자에게 챙겨줄 수 밖에 없는 유인이 생기기 때문입니다.

필자 관련 회사는 우연찮게 이마트 사장을 오랜 기간 역임하고 퇴임한 분을 알게되었는데, 이마트 판매용이 아니라 전국 각 지점들에 근무하는 현장 직원들이 끼는 장갑 구매가를 물어본 적이 있습니다. 직전년도까지 사장으로 근무한 분이 구매부에 전화를 걸어 물어보니 그 가격을 사실대로 말할 수 밖에 없었던 구조인데, 예상가 한참 위로 구매가 이루어졌다는 점에 놀랐습니다. 전 사장도 필자의 가격 대비 너무 차이가 나서 놀랐고 그룹 내 벤더등록 절차가 복잡하여 1년이 넘게 결국 등록하였으나 그 때는 이미 이 가격이 노출되어 기존 공급업자가 가격을 확 내렸습니다. 이 모든 정보가 기존 공급업자에게 전달될 정도이고 직전 사장도 현역에 있는 구매부를 더 이상 통제할 수 없을 정도로 구매부의 힘은 세고 모든 게 은밀하게 이루어진다고 평가되겠습니다.

한국 최대 대기업이 이러니 중형기업이나 공기업 등의 구매부는 얼마나 더 은밀할까요?

04
유통

유통(流通) 생산자로부터 생산된 재화·용역 등이 소비자에게 교환되고 분배되는 여러 과정을 뜻하며, 유통업체 및 소매업체를 영어로는 Distributors and retailers라고 표현됩니다.

음식점은 앞에서 살펴본 생산자물가지수에 들어가는 제조업인데 식자재 유통기한이 지난 식품을 보관·사용한 경우 3년 이하 징역이나 3천만원 이하 벌금에 처해질 수 있고 영업정지 1개월 등 행정처분도 나온다는 측면에서는 유통업체 성격도 가미되어 있습니다.

회장님들 자택과 대사관저가 많은 걸로 유명한 서울 성북동 대사관로에는 삼청각이라는 멋진 기왓집 음식점이 고풍스럽게 위치하고 있습니다,

국가 소유인 이 건물이 박정희 정권일 때는 주로 권력자 중심으로 운영되다가 이후에는 민간 자본에게 소유권 이전 없이 장기 임차하는 조건으로 입찰이 이루어집니다.

신세계가 이 입찰에 낙찰되어 운영했는데 장기 적자로 운영에 애로를 겪고 고생했습니다.

이후 세종문화회관이 운영권을 받아 경영되었는데 이 역시 적자 구조에서 빠져나오지 못했습니다. 세종문화회관은 광화문에서 공연 사업 외에도 지하1층 대형 중식당 등도 운영하고 있는 경험과 노하우가 있었는데 성북동 삼청각은 성공하지 못했습니다.

2022년 삼청각에 대한 장기 임차 입찰이 있었는데, 업계에서는 이러한 사정을 잘 알기 때문에 대형기업 계열사들은 별 관심을 표명하지 않았습니다.

그런데 서울에서 여러 곳에 결혼 예식장을 운영하는 모 예식장 사장이 입찰에 응하여 장기 운영권을 획득했고 지금 소위 완전 대박이

났습니다.

일생의 한 번 밖에 없는 결혼식을 전형적인 일반 예식장에서 하기보다는 마치 조선시대 왕자님이 결혼하는 것처럼 멋진 대형 기왓집에서 하고 싶은 욕구가 삼청각 운영과 맞물리며 코로나 위험이 아직 남아있지만 1년 예약 다 찼습니다.

필자가 사업상 운영권을 따낸 사장님 자제분과 접촉을 하고 있어 알게 된 사실입니다.

신세계유통과 세종문화회관 운영 주체는 삼청각을 오로지 한정식 관점에서 접근을 해서 수익창출의 확대 가능성을 읽지 못했고 수십 년 예식장 사업에 주력한 예식장 사장은 이 가능성을 정확하게 읽고 들어간 것입니다.

진짜 유통이란 무엇일까요?

다른 예를 이야기해드리겠습니다.
예식장 회장님에게 두 명의 아들이 있었습니다.
한 명의 아들은 아버지 예식장에 바로 응용할 수 있는 결혼컨설팅 업체를 인수했고요, 다른 한 명의 아들은 아버지 예식장과 무관하고 아버지도 개업 장소를 와보고 '자리가 안 좋다'고 반대한 곳에 주점을 개업했습니다.

책상에 앉아서 유통을 가르치는 교수 입장에서는 전자가 좋아 보이겠죠.

현실은 완전 반대입니다.

전자는 자본 잠식했고요, 후자는 주점 추가로 강남에 2개 더 오픈할 정도로 성업했습니다. 그리고 가게 잘 될 때 좋은 가격으로 팔았습니다.

유통의 진짜 핵심은 자금관리입니다.

한국의 유통업계 상당 수가 건이 현금거래로 결제되는 게 아니라 월말 결제 또는 월중 특정기준일 결제로 물건이 오고 가고 있습니다.

첫 거래부터 이렇게 진행되는 것은 아니고 어느 정도 거래가 개시되면 그렇고 최종소비자도 대량 구매가 지속되면 대부분 월말결제로 바뀝니다.

이에 따라 고객관리 부담이 적지않고 유통기한이 있는 상품은 별도의 기한별 상품 판매전략도 부수적으로 생각해야 되고 연식이 바뀌는 연말 자동차 판매와 같은 경우 경쟁업체의 밀어내기 경쟁에도 대응해야 되는 등 업태별로 천차만별입니다.

글로벌 측면에서 유능한 유통업자를 파트너로 삼아 성공한 레드불(Red bull) 사례가 좋은 접점 사례로 소개드리고자 합니다.

우리나라로 따지면 박카스와 같은 음료인데, 태국의 제조업자가 1984년 오스트리아 국적의 디트리히 마테쉬츠와 함께 레드불사 합작사를 차리고 '끄라팅 댕(Krating Daeng)'이라는 태국명 상품명을 영어로 나타내는 레드불을 국제적으로 론치합니다.

태국의 박카스는 유통업자 디트리히 마테쉬츠를 만나 국제적으로 대박이 납니다.

디트리히 마테쉬츠(Dietrich Mateschitz :1946~2022)는 빈(Wien) 대학 무역학과를 졸업하고, 치약회사인 블렌닥스(Blendax)의 아시아 담당 마케팅 부장이었고 태국 출장 중에 이 음료를 알게 되어 크라팅 다엥의 제조사인 태국 TC 제약회사의 CEO 칼레오 유비디야(Chaleo Yoovidhya)를 찾아가 의기투합하여 1984년 100만불 자본금 합작사를 50:50 비율로 차리며 유통 대박 신화를 만들었습니다.

그는 이후 2005년 포뮬러 원(F1) 레드불 레이싱을 출범시켰고 불과 17년 만에 컨스트럭터 챔피언 5회, 드라이버 챔피언 6회를 달성했고 그가 지원한 수많은 드라이버는 팀을 가리지 않고 F1에서 맹활약 중이고 동시에 레드불 판매와 마케팅에 도움을 주는 동반자가 되었습니다.

세계적인 브랜드인 레드불을 만들고 포뮬러 원을 변화시키는 데 큰 도움을 준 그가 사실은 호주에서 근무했던 치약 마케팅부장인 유통업자라는 점은 우리에게 유통 접점을 어떻게 찾아야 될 지에 대해 많은 단서들을 주는 듯 합니다.

05 건설

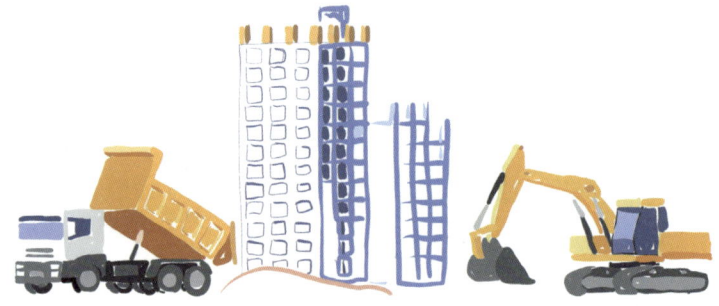

건설과 관련해서 건설사가 시공한 보이는 유형건물들만 통해서 접점을 찾으려고 하는데 실제적인 접점은 무형의 돈 흐름에서 찾아야 된다는 결론부터 먼저 이야기드립니다.
한국의 건설업종에서 과거 대표적 기업들이 문을 닫거나 주인이 바뀌거나 간판을 바꾸는 사례가 타업종 대비 많았습니다.

국제그룹 대우그룹 동아그룹 한보그룹 신동아그룹이 해체되었는데, 성수대교 붕괴로 시작된 동아그룹의 해체와 한보건설과 한보그룹, 신동아건설과 신동아그룹 등이 있었죠.

현대건설도 2001~2006년 워크아웃 돌입부터 졸업까지 약 3조원의 공적자금이 투입되어 오늘의 현대건설이 되었습니다.

대형 건설사는 공사 시행을 위해 발주처나 입주예정자 등에 보증을 제공하는데 이를 채무보증이라고 부릅니다. 대기업집단 건설 계열사 112곳의 2022년 9월말 기준 채무보증은 약 160조원 규모입니다. 현대건설(26조9763억원)이었고. 대우건설(21조2275억원), 현대엔지니어링(19조1034억원), 롯데건설(18조4151억원), KCC건설(13조35억원), 태영건설(12조6467억원) 등입니다.

채무보증이 많다는 것은 수주 물량 확대와 신규사업 증가로 해석되기도 하지만 부동산 경기 침체가 심화하는 시기엔 부실화로 이어질 가능성이 있습니다.

금리와 반비례하는 건설 경기 측면과 더불어 에너지 가격 상승으로 인한 건물 난방비 급등이 2023년 건설경기에 있어 기존과 다른 새로운 복병으로 작용 전망됩니다.

30평대 아파트에 58만원 찍힌 관리비가 날아오고 필자 사무실 오피스텔 23평은 전용면적 50%로 실평수 11.5평짜리인데 관리비 42만원 찍혀 있는 등 한국에 보편적인 아파트 및 오피스텔 유지비 부담이 늘어, 오피스텔의 경우 공실도 많이 나는 등 소유자가 부담해야 될 유지관리비가 예사롭지 않습니다.

서두에 언급드린 바처럼 건설을 보이는 외형 위주로, 그동안 지속된 중대형 평수 선호도 앞으로 계속 이어질지 자체를 질문해야 되는 구조가 되었다고 요약되겠습니다.

시대적 사항을 반영한 호감도·건물의 완성도·공공성·사회기여도·삶의 질 제고·주변 환경과의 조화 등의 항목으로 한 한국건축문화대상 평가방식이 기업의 신사옥이나 공공부분의 접점에 영향을 줄 수 밖에 없겠습니다. 건축물의 인간중시와 환경조화를 구현하지 못한다면 인구 감소라는 한국 구조에서 제 기능을 못하는 기존 건물들이 늘어만 가는데, 새롭게 건설하기에는 건설원가의 증가와 난방비·유지비의 증가 등 돈의 흐름은 유입 유인이 줄어들고 있기 때문입니다.

한국의 주택보급률 현황

구분	2021		
	가구수(등록센서스)	주택수(등록센서스)	보급률(등록센서스)
전국	21,448.5	21,917.2	102.2
수도권	10,521.1	10,183.9	96.8
지방	10,927.4	11,733.2	107.4
서울	4,046.8	3,811.9	94.2
부산	1,431.4	1,462.6	102.2
대구	1,000.9	1,008.0	100.7
인천	1,183.6	1,154.3	97.5

광주	615.7	643.6	104.5
대전	640.1	621.0	97.0
울산	451.4	490.1	108.6
세종	145.3	156.2	107.5
경기	5,290.7	5,217.8	98.6
강원	674.7	742.0	110.0
충북	695.6	776.9	111.7
충남	915.6	1,006.0	109.9
전북	772.5	841.1	108.9
전남	777.4	868.6	111.7
경북	1,156.6	1,315.6	113.7
경남	1,379.0	1,517.0	110.0
제주	271.2	284.7	105.0

가구수를 기반으로 한 주택보급률 수치가 외국인 가구를 제외시킨다는 측면에서 액면 그대로 받아들일 수는 없지만 그동안의 신규주택 수요가 기본적으로 가구분화에 의해 발생한 요인이 적지 않다는 점을 고려할 때 고물가 구조에서의 추가적인 가구분화 모멘텀은 급격히 둔화될 가능성을 앞으로는 체크해봐야 되겠습니다.

2020년 기준으로 인구 1000명당 주택 숫자를 뜻하는 주택 재고는 우리나라가 412채이고 미국 425채입니다. 이 점은 향후 주택 부문의 부동산 가격 동향은 미국의 주택 가격 동향과 유사할 수 있다는 걸 시사합니다. 다만 한국이 상가부문에서는 공실이 많고 사무실도 시장상황이 예전 같지 않다는 점을 감안하여 두 국가 간의 미래 가격 추이를 예상하는 접점이 유효해 보입니다.

06 금리

미국 중앙은행인 연방준비제도(Fed)는 2022년의 경우 6월을 시작으로 7월, 9월, 11월에는 사상 유례없이 4연속으로 기준금리를 한꺼번에 0.75%포인트씩이나 올린 바 있어 한미 금리차 최대 1.25%P나 미국보다 한국이 낮으며 역대 최대 한미 금리 역전 폭인 1.50%포인트에 근접하는 양상도 보여주었습니다.

한국은행의 금리 결정 요인들이 복잡하게 되는 구조는 왜 생기는 걸까요?

원화가 약세면 원유 등 수입원 자재 가격이 오르기 때문에 인플레이션이 상승하는 악순환에 빠질 수 있기 때문입니다.

부채로 돈을 은행에서 빌리는 입장에서는 한국은행보다 더 진퇴양란에 빠질 가능성이 큽니다. 과점 상태의 한국의 주요 상업은행들이 높아진 기준금리에다 가산금리까지 더해서 폭리를 취하기 쉽습니다. 그들의 미명은 돈을 빌려가는 주체들의 신용위험이 높아져서 그렇다고 변명을 하지만, 담보비율이 확실하게 잡혀 있는 담보대출마저도 가산금리를 미국 연준보다 더 심하게 올렸습니다.

인플레이션과 금리 인상은 모두, 투자자들의 채권 포트폴리오에 부정적인 영향을 줄 수 있습니다. 기준 금리가 오르면 채권의 가격이 내려가고, 금리가 떨어지면 채권 가격이 오릅니다. 그런데 2023년 미국 연방준비제도(Fed)의 금리인상이 이어지고 있었지만 채권시장에서 미 10년물 국채수익률은 하락세를 보이는 특이 현상이 벌어진 바 있습니다.

만약 연준이 인플레이션 우려를 강조하면서 매파적 메시지를 낸다면 10년물 수익률이 오를 수 있는데 거꾸로 미 연준의 금리인상으로 경제가 위축될 수 있고, 미래에 연준이 경로를 바꿔서 금리를 빠르게 인하할 것이라고 투자자들이 생각한다면 10년물 수익률은 하락합니다.

채권시장은 복잡하여 10년물 국채수익률이 하락세를 보이는 것과 달리 2년물 단기 국채수익률은 오르면서 장단기 국채수익률 스프레드 역전 폭은 확대될 수도 있습니다. 이러한 현상이 나타나면 이 자체가 경기 침체 우려를 자극하면서 10년물 국채수익률은 또 다시 하락시키는 요인으로 작용하는 메카니즘입니다.

따라서 금리를 대하는 우리의 접점 찾기 여정은 10년물 미국 국채수익률 등락이 그 단서를 제공한다고 요약되겠습니다.
금리인상 속도를 늦추겠다고 한 연준의 결정이 명백하게 관찰된다면 미국 국채 10년물 수익률이 하락세를 보일 것입니다.
예를 들어 불필요한 경기 침체 위험을 방지하기 위해 앞으로 더 작은 금리인상 폭을 가져갈 것이며, 내년에도 계속 유지하겠다고 연준 당국자들이 언급할 경우 장기 미 국채수익률 하락을 보일 수 있습니다.

인플레이션이 하락하고, 경기 침체 위험이 높아지는 상황에서 미국 연준이 매파적인 메시지를 내놓을 경우 실질적인 메시지도 표면적인 말과 같은지를 고민해 봐야 됩니다. 만약 언행불일치로 시장이 해석하게 되면 미국 국채의 단기물과 장기물간의 일드커브(Yield Curve) 역전 폭이 확대되게 됩니다.

정부가 발행한 무이표채들의 만기와 만기수익률의 관계를 나타내는 곡선인 만기수익률곡선(Yield Curve)은 다양한 만기를 가지는 국채들(예를 들어 2년, 10년, 20년, 30년 등)의 수익률을 나타냅니다.

과거에는 이러한 국채수익률 곡선 역전은 매우 신뢰할 수 있는 경기침체의 전조로 평가받았습니다. 세인트루이스 연방준비은행의 조사에 따르면 3개월물과 10년물 수익률은 지난 1980년대 이후 모든 경기침체를 앞두고 역전된 바 있는 걸로 나왔습니다.

이런 측면에서 2023년 다시 나타나는 미국 국채 일드커브 역전 심화는 또 다시 경기침체를 예고하는 시장 지표인지, 아니면 이번 경제 싸이클은 과거와 다르게 추정되는 것보다 더 높은 장기 실질 금리를 버틸 수 있는데 과거 신호 학습효과에만 집착하는지, 머지 않아 판별될 것입니다.

미국 연준이 단기 금리를 올릴 수 있지만 장기 금리를 올리는 것은 점점 더 어려워질지 여부를 보여주는 접점인 미국 국채 일드커브(YC) 역전 이야기였습니다.

영국 이코노미스트가 58개국의 기업·가계 및 정부의 이자 비용을 계산한 결과 2021년의 이자 청구액인 10조 4천억 달러로 총 GDP의 12% 비중이었는데, 2022년 이자 청구액은 GDP의 14.5%인 13조 달러에 달하며 GDP 14.5% 비중으로 1년 만에 2.5%포인트 증가한 것으로 집계했습니다. 미국 연준이 22년 3월부터 제로금리를 포기하고 금리인상을 하여 연말까지 3.75% 올려 연평균 금리는 2.5%가 안 되는데 그

해 이차청구액의 GDP 비중이 2.5% 증가했다는 사실은 의외로 금리인상이 부담해야 되는 세계경제 부담이 간단치 않음을 강력하게 시사해줍니다.

미국은 1960년대 후반과 2008년 사이 6번의 인플레이션 상승기에 직면했는데 각각의 경우 연준의 실효연방기금금리가 물가상승률보다 높아질 때까지 인상됐습니다. 1980년대 초 미국이 수십년만에 최악의 인플레이션에 직면하자 폴 볼커 연준 의장 시절 연준은 1981년 중반 최고 19.1%에 이를 때까지 금리를 올리기도 했었습니다. 이랬던 금리를 제로금리로 2000년대 이후 밀어 붙인 걸 보면, 금리에 대한 접점은 롤러코스터(roller coaster)로 비유될 수 있음을 인식해야겠습니다.

07
주식

한국 주식투자자들이 놓치고 있는 3가지 접점은 ① 대리인 비용 ② 스톡옵션 매매 그리고 ③ 제도적 허점으로 인한 고평가요인 등으로 압축된다고 판단됩니다.

① **대리인 비용**

대리인이론은 1976년 하버드 경영대학원의 마이클 젠슨(Jensen)과 로체스터 대학교의 윌리엄 멕클링(Meckling)에 의해 처음 제기되었는데, 본인-대리인 문제 또는 주인-대리인 문제(Principal-agent problem)는 본인(principal)과 대리인(agents) 사이에서 정보 비대칭 때문에 발생하는 문제입니다.

주식 투자자 입장에서는 투자하는 기업에 대한 경영에 직접적인 참여가 없이 일정 지분만 사는 행위이므로 일종의 경영권 위탁 성격이며 경영자는 이러한 소액 주주들이 원하는 방향인 '주주 가치의 극대화' 방향으로 늘 움직이지 않고 '경영자 이익의 극대화'로 갈 유인이 높아 소액 투자자 입장에서는 일종의 대리인 비용을 부담하게 됩니다.

주주의 대리인인 경영진은 사적 이익 추구 가능성이 늘 열려 있습니다.

경영진이 자신들의 이익을 추구하기 위해 다양한 편법을 활용한다는 사실은 수많은 학술연구에서 확인되었는데 다시 조금 뒤 언급할 스톡옵션 부여 시점 선정입니다. 스톡옵션의 행사가격은 일반적으로 부여 시점의 주가로 정해지는데, 경영진은 자신이 보유할 스톡옵션의 가치를 극대화하기 위해 호재 발표 직전에 (즉 주가 상승 이전에), 또는 악재 발표 직후에 (즉 주가가 이미 하락한 후에) 스톡 옵션을 부여하는 경향이 발견되었습니다. 미국의 경우 회사가 CEO에게 전용항공기의 사적인 사용권을 부여했을 경우 기업가치에 악영향을 미치며, 특히 CEO가 US마스터스 대회가 열리는 미국 최고의 골프장인 오거스타 내셔널

골프클럽 또는 본사에서 멀리 떨어진 다른 유명 골프클럽의 회원일 때 전용항공기 사용이 증가한다는 사례에서도 소액주주가 부담하는 대리인비용을 확인할 수 있습니다.

경영진은 어디까지나 인간이며 후생경제학에서 사회적인 최적 조건을 구할 때 사용되는 가상적인 존재로 말하는 '선의의 사회계획가'는 현실경제와 소액주주가 부닥쳐야 하는 주식자본시장에서는 존재하지 않습니다.

② **스톡옵션 매매**

회사가 임직원들에게 일정 기간이 지난 후에 일정 수량의 자사 주식을 사전에 정한 가격으로 매입할 수 있도록 부여한 자사 주식 매입권을 주식매수선택권 또는 스톡옵션(Stock Option)이라고 합니다.

2021년 12월 카카오페이 경영진 8명은 스톡옵션으로 받은 주식 44만993주를 단체 매각했는데 이들은 스톡옵션 행사를 통해 1주당 5000원에 취득한 주식을 20만4017원에 팔아 시세차익은 총 878억원 규모였습니다.

상장 이후 약 1달 만에 일어난 사태로 이후 카카오페이의 주가는 줄곧 하락해 6만원 수준까지 떨어지며 해당 경영진에 대한 비판이 쏟아졌습니다.

이와 유사하게 스톡옵션 행사 이후 부진한 흐름을 보였던 사례는 코스닥 상장사 이지트로닉스와 포바이포 등도 그 사례입니다.

2018~2021년 코스닥 상장사 등기임원의 스톡옵션 행사 뒤 주식을

처분한 184건 가운데 1년 이내에 주식을 일부 또는 전부 처분한 경우가 50.5%(93건)에 이르렀다는 사실은 '의도적으로 상장 직후 스톡옵션을 행사하는 행위'로 정의까지 가능한 수준입니다.

상장 전·후 스톡옵션 행사로 취득한 주식은 6개월 등 특정기간 의무보유 대상에 이제 포함되지만 최대주주나 주요 투자자 등 지분율이 높은 사람의 주식을 일정 기간 한국예탁결제원에 맡겨 처분하지 못하도록 하는 보호예수라는 제도 이면에 해당 기업에 대한 정보를 가장 많이 알고 있는 경영진조차 주식을 대량 매도하는 본질적 이유에 대해 접점을 맞추어야 할 것입니다.

③ 제도적 허점으로 인한 고평가요인

금융투자소득세(금투세) 시행이 다시 2년 유예되었고 그 이전에는 주식 양도소득세(양도세)는 종목당 보유 금액 10억 원 또는 일정 지분율 이상인 대주주에게만 부과됩니다. 금투세가 도입되면 2025년 1월 1일 이후 발생하는 소득분부터 국내 상장주식이나 주식형 ETF(상장지수펀드) 투자로 얻은 소득 5000만 원(그 외 상품은 250만 원) 초과분에 대해 금투세 22%가 과세되고 국외금융투자소득 납세의무자도 '거주자'로 확대됩니다.

자산 간 과세 형평성 측면에서 시행되어야 할 금융투자소득세가 유예됨으로서 발생시키는 주식과대평가 요인이 한시적일 수 있다는 접점의 성격을 파악해야 되겠습니다.

주식가격결정 모형을 배당평가모형・상대가치평가모형・항상성장모형・ DCF(discounted cashflow 현금흐름할인) 평가모형 등으로 주식의 내재가치를 구하는 방법은 어디까지나 이론적인 접근이고 위에서 살펴 본 놓치고 있는 3가지 접점이 가격에 미치는 영향을 고려하여 「가격(Price) vs. 가치(Value)」 저울질을 하는 게 합리적입니다.

이럴 경우 글로벌 주식시장은 주요국 통화정책 정상화로 인한 금융여건 변화와 할인율 상승에 따른 변동성 확대가 불가피하다는 접점으로 요약됩니다.

08
세금

2021년부터 2023년에 이르는 최근 3년은 세금이 얼마나 중요한 경제적인 결정 요인인지를 극적으로 말해주는 시간이었습니다.

코로나가 본격적으로 확산된 2020년 이후 대부분의 OECD 국가들은 부동산 관련 세금을 낮췄지만 한국은 부동산 재산세, 거래세, 양도소득세를 포함한 모든 부동산 세금부담이 커졌기 때문입니다.

한국의 부동산 취득세와 같은 자산거래세의 GDP 대비 비중은 2.6%로 OECD(경제협력개발기구) 38개 회원국 중 압도적 1위를 기록했는데, 이는 2위 국가인 벨기에(1.17%)와 2배 넘게 차이가 나는 수치이며 상속・증여세의 경우에도 한국은 0.724% 비중으로 OECD 2위 수준이었습니다.

구체적으로 OECD 국가들의 GDP 대비 부동산 관련 세금(양도소득세 포함) 2021년 기준 비율을 살펴보면 한국은 6.274%로 압도적인 수치를 기록했고 2위인 영국(4.337%)과 약 2% 격차를 보였고 이어 룩셈부르크(4.021%), 캐나다(3.962%), 미국(3.884%), 이스라엘(3.866%), 프랑스(3.823%), 벨기에(3.341%), 스웨덴(2.956%), 스페인(2.733%) 순이었습니다.

특히 재산세와 종합부동산세를 포함하는 부동산 재산세의 증가세가 뚜렷하게 나타나 미실현이익에 대한 보유세라는 측면에서 많은 문제점을 잉태하고 있습니다.

이 정도 지표이면 세금 때문에 한국을 떠날 수 있으면 떠나고 싶다고 누가 말해도 논리적으로 반박하기 힘든 수준이라는 측면에서 접점을 조세 뿐만 아니라 연금・보험료 등 사회보장 기여금을 합산한 수치로 넓히는 접근이 유효해 보입니다.

국세・지방세 등 조세와 연금・보험료 등 사회보장 기여금을 합산한 국민부담액은 2021년 기준 총 619조4천억원으로 2017년 465조5천억원보다 153조9천억원 증가한 수치입니다.

국민 1인당 조세 및 국민부담액 현황 (2017~2021년간)

구분		2017	2018	2019	2020	2021	4년 증가분
총조세(A, 조원)		345.8	377.9	383.9	387.6	456.9	111.1
국세		265.4	293.6	293.5	285.5	344.1	78.7
지방세		80.4	84.3	90.5	102.0	112.8	32.4
사회보장기여금(B, 조원)		119.7	128.7	140.1	150.9	162.5	42.8
총 국민부담액(A+B, 조원)		465.5	506.6	524.0	538.5	619.4	153.9
명목GDP(C, 조원)		1,835.7	1,898.2	1,924.5	1,940.7	2,071.7	236
조세부담률(A/C, %)		18.8	19.9	19.9	20.0	22.1	3.3%p
국민부담률((A+B)/C, %)		25.4	26.7	27.2	27.7	29.9	4.5%p
총인구(D, 만명)		5,177.9	5,182.6	5,185.6	5,182.9	5,163.9	-14
생산가능인구(E, 만명)		3,763.6	3,754.7	3,735.6	3,702.5	3,666.3	-97.3
국민1인당 (만원)	조세부담액(A/D)	668	729	740	748	885	217
	사회보장부담액(B/D)	231	248	270	291	315	84
	국민부담액((A+B)/D)	899	978	1,011	1,039	1,199	300
생산가능인구 (1인당, 만원)	조세부담액(A/E)	919	1,006	1,028	1,047	1,246	327
	사회보장부담액(B/E)	318	343	375	408	443	125
	국민부담액((A+B)/E)	1,237	1,349	1,403	1,454	1,689	452

조세만 계산하더라도 청소년이나 노인 등을 제외하고 실제 경제활동을 담당하는 생산연령인구(15~64세)를 대상으로 나누면, 2021년 생산연령인구 1인당 국민부담액은 1천689만원으로 2017년 1천237만원보다 500만원 가까이 늘었습니다. 명목 국내총생산(GDP) 대비 총조세 비중을 나타내는 조세부담률의 경우 2017년 18.8%에서 2021년 22.1%

로 3.3%포인트 올라갔습니다.

　여기에 연금·보험료 등 사회보장 기여금을 포함해 집계하는 국민부담률 또한 2017년 25.4%에서 2021년 29.9%로 4.5%포인트 상승해 30%수준이 되었습니다.

　문제는 여기서 그치지 않고 연금 등의 자산이 머지 않아 고갈되는 장기 시계바늘이 틱틱거리며 돌아가고 있다는 점입니다.

　국민연금 가입자는 지난 2021년 2235만명으로 정점을 찍은 뒤 감소하기 시작했고 2023년 2199만명인 가입자 수는 70년 뒤인 2093년 861만명으로 추정됩니다. 반면 노령연금 수급자는 2023년 527만명에서 2060년 1569만명으로 최고치를 기록하고, 2093년 1030만명으로 줄어들고 제도 부양비(가입자 수 대비 노령연금 수급자 수)는 올해 24%에서 2080년 143.1%로 됩니다.

　국민연금은 앞으로 17년간 지출보다 수입이 많은 구조가 유지되나 2041년 지출이 수입(보험료 수입+기금운용수익)을 넘어서 수지적자가 발생할 것으로 전망됩니다. 적립기금은 수지적자가 발생하기 직전인 2040년 최고 1755조원에 이르고, 이후 급속히 감소해 15년만인 2055년 완전히 소진됩니다.

　베이비 부머 은퇴와 장수로 인한 노령화가 가져다 주는 인구 요인과 더불어 연금·보험료 등 사회보장 기여금의 장기적인 측면에서 제

기능을 한시적으로 할 수 있다는 요인이 더해지고 추가로 이러한 국민 부담률도 30%를 넘고 있다는 점이 가미되며, 미래를 향한 우리들의 접점 불확실성이 더 높아지고 있다고 요약되겠습니다.

싱가포르 세금 제도는 상속·복권 당첨·연금 등에는 비과세입니다.
한국 세제와 판이하게 다른데, 동남 아시아 각국의 상권을 잡고 있는 화교들이 싱가포르를 자주 방문하고 어떠한 연관 고리를 가지려고 열심히 노력하는 원인들 중의 하나가 바로「상속 비과세」입니다.
OECD 최상급인 한국 상속세율과 부동산 보유세 등은 더 이상 우물안 개구리 논리에만 의존하지 않고 비교의 대상을 글로벌 측면으로 확대하는 접점 변경의 노력이 국가적 차원에서 필요해 보이는 대목입니다.

09
부동산

현대에 있어 부동산은 두 번의 접점 변화가 있었다고 판단되며, 그 접점은 부동산 안에서 이루어진 게 아니라 글로벌 측면에서 다음과 같이 있었습니다.

대부분이 부동산 내에서 부동산의 문제점과 해결책 그리고 접점을 찾으려고만 했다는 점에서 시각의 전환이 필요한 대목입니다.

닉슨 쇼크 전·후 : 현대의 부동산 Ⅰ단계 · Ⅱ단계

1971년 8월 13일 닉슨 미국 대통령은 16명의 관료들과 비밀리에 모여 회의를 진행하였고, 이후 8월 15일 특보를 통해 이제 미국이 더이상 달러를 금으로 바꾸어주지 않겠다고 선언했습니다. 이러한 미국의 금태환 중지 내지 포기를 전후하여 1946년에 시작되어 달러의 금태환이 중지된 1971년까지 현대의 부동산 Ⅰ단계와 Ⅱ단계로 1차적으로 구분됩니다.

경기가 나쁠 때 중앙은행이 돈을 푸는 요즘의 상식은 금본위제에서는 적용하기 어려웠습니다. 화폐와 바꿔 교환할 수 있는 금을 보유해야 유동성을 늘릴 수 있었기 때문에 닉슨 쇼크 이전 세계 경제는 만성적인 디플레이션이 있었고 따라서 부동산시장도 이 성격과 유사했습니다.

세계 경제는 미국의 금태환 포기 이후 인플레이션이라는 대가를 치루게 되었는데 그 연장선 상에서 부동산시장의 시세가 이전과 대비하여 폭발적인 탄력성을 보이는 현대 부동산 Ⅱ단계가 되었습니다.

여기서 한 가지 간과되는 사실은 미국은 이미 대내적으로는 1971년 훨씬 전에 루즈벨트 행정부가 불황 타개를 위한 대책으로 금본위제에 손을 대었다는 사실입니다. 1933년 미국은 대내적으로 금본위제를 중단하며 달러의 금태환이 중단됐고, 미국 국민들은 보유 중인 금을 온스당 20.6달러에 국가에 팔도록 의무화했습니다. 미국 국민들의 금 보유는 원천적으로 금지됐고 금을 가지고 있으면 처벌을 받았습니다.

미국이 자국 물가관리를 실패하는 현상이 1960년대 후반에는 장기간 있었고 이 때 부동산은 움직였습니다. 한국도 이 시기 미국과 같이 부동산이 움직였었죠. 즉, 현대의 부동산 Ⅰ단계에서도 인플레이션 시기에는 부동산시장도 동행했는데, Ⅱ단계가 되면서 동행 정도를 넘어 요동치게 된 것입니다.

미국의 양적완화 남발 : 현대 부동산 Ⅲ단계

세계 경제를 뒤흔든 지난 10여 년 간의 부동산 버블 역사는 '무역 갈등'의 첨예한 대립과 같이 미국이 의도적으로 하지 않았다 하더라고 결과적으로 주도했다고 압축됩니다. 글로벌 금융위기 이후 경험했던 미국 연방준비위원회 주도의 양적완화는 무제한적인 글로벌 유동성 공급의 대표적 사례로 인류 역사상 사실상 처음으로 겪는 경제적 만용 사례입니다.

달러는 지난 100여 년간 기축 통화의 지위를 놓치지 않았고 1913년에 만들어진 중앙은행 연방준비제도는 금에 구애받지 않고 경제에 유동성을 충분히 공급하는 예행연습을 닉슨 쇼크 이후 30년 간 했는데, 2001년 911테러 이후에는 아예 거의 미친 듯이 돈을 찍는 인쇄기를 마구 돌립니다.

기축통화국으로서 미국이 담당해야 할 두 번째 의무는 안정적인 물가 유지에 아예 손을 놓아 버린 격이었습니다.

경상수지와 재정수지가 동시에 나타나는 쌍둥이 적자가 구조적으로 해결되지 않은 상태에서 제로금리 정책도 모자라 양적완화라는 비정상적인 통화정책을 썼습니다. 양적완화는 돈을 무제한적으로 풀어도 통화의 신뢰가 유지될 수 있는 기축통화국나 쓸 수 있는 매우 제한되고 후폭풍이 무서운 위험한 정책이었습니다.

미국이 이렇게까지 유동성을 풀 때 세계 및 한국 부동산시장은 누이 좋고 매부 좋다는 식으로 위험에 대해 애써 낮게 평가하고 마치 평화롭게 '이지머니(easy money)'가 만드는 요지경에 동참했습니다. 이제 세계적인 물가 불안이 나타나자 미국이 금리를 올리면서 양적완화에 따른 유동성 공급 확대는 시차를 두고 경제와 부동산시장의 안정성을 해칠 국면에서 어려움을 겪고 있습니다.

한국 부동산은 한국 경제와 더불어 순환적 경기 하강의 리스크에 노출돼 있기는 하나 글로벌 금융위기 이후 정상화가 가장 빨리 이뤄진 국가가 미국이라는 점에서 부동산에 대한 바뀐 한국 정부의 접근도 고분고분하지 않지만 이제 그 자체 내구력이라는 접점을 통해 시장을 살펴야겠습니다.

10
스포츠

스포츠산업의 경제적 효과를 논하는 '스포츠도 경제다'를 이야기하려는 게 아닙니다.

이론적으로야 국제 스포츠대회의 경제적 효과는 경제부문과 사회부문에서 발생하고 대회 개최국과 개최 도시에서의 대규모 투자와 외국인 관광객들을 포함한 관람객들의 광범위한 소비지출 등을 가정해볼 수 있습니다.

그러나 코로나 팬데믹 상황에서 열린 도쿄올림픽은 당초 2020년 7월 24일에서 8월 9일 사이에 개최될 예정이었으나 연기되어 무관중으로 2021년 7월 23일부터 8월 8일까지 '도쿄 2020 하계 올림픽' 간판을 걸고 열린 바 있습니다.

IOC가 2032년까지 하계·동계 6개 올림픽의 미국 내 방영권에 대해 NBC방송사와 76억5000만달러(약 10조원)의 계약을 맺었고 IOC가 수익의 약 70%를 TV 중계권료에서 얻고 있어 도쿄올림픽이 무관중으로 개최되더라도 IOC입장에서는 중계권료를 받을 수 있는 구조였습니다.

그보다는 돈으로 환산할 수 없는 무형적 효과의 경제적 가치만으로도 비용에 버금가는 편익을 얻을 수 있는데, '도쿄 2020 하계 올림픽'의 경우 일본의 국제적 자존심으로 추정됩니다. 성공적인 올림픽 개최 이후 오히려 고생을 한 과거 사례도 있었는데 1976년 몬트리올 올림픽의 경우 6억 9,200만 파운드의 경제적 손실을 보았고, 유럽의 스페인과 그리스는 올림픽을 개최한 이후 심각한 경제 불황을 겪기도 했습니다.

자신이 뛰는 당시에는 상대방 선수 없이 기록에 도전하는 멀리뛰기 등의 종목들도 있지만 대부분 상대 선수가 있고 특히 구기종목의 경우에는 상대 선수들이 다수입니다.

축구 농구 배구 핸드볼 야구 필드하키 럭비 미식축구 당구 골프 크리켓 보치아 세팍타크로 티볼 족구 플래그 풋볼 게이트볼 수구 등이 구기종목들입니다.

대표적인 구기종목인 축구와 관련하여 4년마다 열리는 2022 FIFA 월드컵 카타르를 사례로 우리의 접점을 찾는 여정을 살펴보면, 한국은 16강에서 2022 카타르 월드컵 여정을 마무리했는데 역대 세 번째 16강행이었습니다.

TV 스포츠 해설가들과 관중 모두 1차적으로 사람 즉 선수 중심으로 기대를 하고 바라본다는 걸 필자는 느낀 바 있습니다.
예를 들어 대한민국이 2022 국제축구연맹(FIFA) 카타르 월드컵 조별리그 H조 2차전 경기에서 조규성의 만회골과 동점골에도 불구하고 가나에 2-3으로 패했습니다. 조규성이 연속 헤딩 골로 동점을 만들어 냈고, 국내 최초 '한 경기 멀티골' 기록이었다.
조별리그 3차전 포르투갈 전에서는 1대0으로 끌려가던 후반 주전 수비수 김영권이 1골을 넣었습니다.
2022 카타르 월드컵 16강 대한민국과 브라질의 경기에서 대한민국 백승호가 골을 기록했습니다.
2022년 11월 월드컵을 코앞에 둔 채 발생한 안와골절 부상으로, 당시 손흥민은 최소 전치 4주의 절대안정을 취해야 하는 상황이었음에도 대한민국호 캡틴으로서 월드컵을 치렀는데 안면마스크 투혼에도 2014년 브라질 월드컵에서 1골과 2018년 러시아월드컵에서의 2골에

이은 2022년 카타르월드컵 추가 골은 없었습니다.

만약 골키퍼 각각 2명을 포함한 총22명의 축구선수들이 투명인간이라고 가정하는 접점을 가정해봅시다.

TV해설가 눈에도 공만 보이고 관중들에게도 공만 보인다고 할 경우, 스스로 자신의 골대에 넣은 골인 자살골(Own goal)도 골이므로 공이 어느 쪽 골대 안으로 들어가는가만 체크하면 점수가 나옵니다.

그리고 동시에 특정 선수에 대한 과도한 기대도 완화되고 팀웍이 기본인 축구경기의 본질적인 흐름도 자연스럽게 풀릴 가능성이 높게 됩니다.

2022년 11월 20일 카타르 월드컵 개막일 이전에 만든 모든 한국팀을 응원하는 홍보 및 광고 동영상들은 손흥민만 처음부터 끝까지 단독으로 보여주는 식이었고 그러다 보니 축구에 있어 가장 기본적으로 봐야 할 축구공을 먼저 볼 수 없었고 손흥민은 월드컵이 끝나고 구단에 복귀하고도 2023년 연초 작년과 다르게 잉글랜드 프리미어리그 토트넘에서 득점포를 가동하지 못하고 있습니다.

상상의 날개를 펴서, 카타르 현지축구장에 관객으로 입장할 때 투명 선수들이 뛰는 듯하게 축구공만 보이는 특수 안경을 나누어 준다고 가정해봅시다.

여러분께서는 그 특수안경을 끼고 월드컵 경기를 보시겠습니까?

아니면 한국에서 카타르까지 고생해서 왔는데 손흥민 등 축구선수들을 당연히 봐야 된다고 그 특수안경을 끼는 걸 거부하시겠습니까?

전자를 선택했다면 다음의 『5편 : 접점을 찾는 전략가의 승부수』를 읽어보실 필요 없이 득도하였으니 하산(下山)하셔도 됩니다.

후자를 선택했다면 아직 하산하시면 안 되겠습니다.

추가로 부언하면, 라켓 스포츠는 라켓으로 공 또는 그외의 물체를 치면서 경기하는 스포츠입니다.

라켓볼 리얼테니스 배드민턴 스쿼시 정구 탁구 테니스 피클볼 소프트테니스 등이 있습니다. 이 라켓스포츠에서 특수안경은 공과 라켓까지만 보이고 선수는 안 보이는 점에서 약간의 차이점이 있습니다.

CHAPTER 5

불규칙

규칙

미끼

탈취(奪取, takeover)

접점을 찾는
전략가의
승부수

동정

공격

희생

반전

01
불규칙

세상을 가장 본질적으로 규정하는 단어는 「불규칙(不規則, irregular)」입니다.

물질을 이루고 있는 분자들은 항상 분자 운동을 하고 있는데, 분자 운동은 크게 진동 운동, 회전 운동, 병진 운동으로 나눌 수 있습니다.

① 진동 운동(vivrational motion) : 고정된 위치에서 분자를 구성하는 원자들 사이의 결합 길이만 늘었다 줄었다 하는 운동.

② 회전 운동(rotational motion) : 분자의 무게 중심이 이동하지 않고 분자의 중심 둘레를 회전하는 원운동.

③ 병진 운동(translational motion) : 물질을 이루는 분자들이 평형한 상태로 한 위치에서 다른 위치로 옮겨 가는 운동.

고체는 진동 운동만을 하고 있으나 대체로 기체와 액체는 이 세 가지 운동 상태를 모두 가지고 있고 이 조합을 바라보는 입장에서는 「불규칙」이 결과적으로 관찰되겠습니다.

이제 영역을 우리가 살면서 겪는 세상 일로 옮겨오면 매일 새로운 가설을 생각해야 될 정도로 더 불규칙적으로 사건들이 벌어집니다.

당초 전망과 기대를 왜곡시키고 왜곡이 커지는 불규칙은 술에 만취한 사람의 갈지자 걸음걸이처럼 무작위 걸음(Random Walk)에 비유되곤 하는데, 이 상황에서 어떻게 전략적 접점을 찾아야 할까요?

과거를 통해 미래를 예측할 수 없을 정도로 그 날 상황에 대처하는 방식이 아니라, 확률보행과정(Random Walk Process)으로 접점을 찾으면 복잡한 금융시장 조차도 길이 열립니다.

우리가 일상생활 속에서 마주치는 사건은 매우 다양하지만 2가지로 분류 가능합니다.

하나는 유의미한 사건이고 다른 하나는 무의미한 사건입니다.

길을 걷고 있다가 누군가가 욕을 내게 하는 사건을 마주친다고 가정해봅시다.

나에게 욕을 한 사람이 곧이어 다른 사람이 지나가도 욕을 하고 있으면, 이는 무의미한 사건입니다. 이러한 사건을 백색잡음(White Noise)이라고 합니다.

그런데 그 사람이 나 이외의 다른 행인들에게는 욕을 하지 않는다면, 이는 무언가의 메시지가 있다고 봐야 됩니다.

백색 소음 또는 백색잡음 또는 화이트 노이즈는 물리적으로 전도체 내부에 있는 이산적인 전자의 자유 운동으로부터 야기되는 잡음으로, 1926년 벨 연구소 재직 중 처음으로 이것을 구분했습니다.

전도체 내부의 전자들의 열에 따른 불규칙한 움직임, 즉 열교란에 의한 내부로부터의 잡음으로, 이 잡음은 모든 형태의 전자 장비와 매체에서 나타나기 때문에 그냥 무시하시면 되겠습니다.

통계적으로 백색잡음은 평균이 0이고 분산이 일정한 상수인 정규분포를 따르며, 시간에 흐름에 따른 다른 백색잡음들과 상관관계(Correlation)가 0인 잡음입니다.

불규칙에서 우리가 유의미를 찾는 과정이 접점을 찾는 과정이고 실체가 되겠습니다.

이런 측면에서 우리가 마주치고 있는 사건들을 시계열 데이터 자료라고 보게 됩니다.

한 단계 나아가 사건들 중에서 의미 있는 "시계열적인 부분"을 모두 제외한다면 남는 것은 백색 소음(White Noise)뿐입니다.

우리가 시계열 분석을 통해 이상적으로 시계열 분석을 수행했다면, 예측 오차는 백색소음(White Noise)에 따를 것입니다. 그렇기 때문에 시계열 모형의 오차가 백색소음(White Noise)라는 것은 "시계열적인 부분"을 잘 잡아냈다는 신호로 볼 수 있습니다.

어떤 사건이 우연히 발생할 확률이 대략적으로 얼마인지 감을 잡아야, 우리가 부닥친 사건이 단순히 우연히 발생한 건지 아니면 고의가 가미되어 발생된 건지 규정할 수 있습니다.

어떤 사건이 우연히 발생할 확률을 피밸류(P-value)라 부르는데, 이는 Probability-value의 줄임말로 확률 값을 뜻합니다. 예를 들어, P값이 0.05보다 작다는 것은 어떤 사건이 우연히 일어날 확률이 0.05(5%)보다 작다라는 의미입니다.

한편 주가나 금융지수(Index)같은 경우는 술 취한 사람의 걸음걸이처럼 사건이 무작위하게만 벌어지는 게 아니라 나름 사건들이 의미있다고 보고 분석해야 되는데, 이를 다른 표현으로 하면 시계열 정상성(Stationarity) 가정이라고 일컫습니다.

과거 관찰값을 바탕으로 미래를 예측하기 위해서는 수집된 관측값이 안정적으로 유지되고 있는 상태인지, 또는 계속해서 변동하는 상태인지를 확인해야 합니다. 이 때, 시계열의 안정적 수준이 바로 "정상성(Stationarity)"이며, 정상이란 변하지 않고 일정한 상태를 의미합니다.

우리는 전략가 관점에서 접점을 읽으려고 하기 때문에 궁극적으로는 미래 트렌드를 예측하고 그에 대한 대응 시나리오를 준비해야 되는 숙제를 안고 있습니다.

정상성이란 시계열의 평균과 분산이 일정하고, 특정한 트렌드 (추세)가 존재하지 않는 성질을 의미합니다. 따라서 전략가 입장에서는 『정상성 (Stationarity) 뽀개기』 작업을 해야되는 셈이죠.

정상성은 강한 정상성 (Strong Stationarity)와 약한 정상성 (Weak Stationarity)로 정의가 되는데, 강한 정상성에서는 시간에 무관하게 과거, 현재, 미래의 분포가 같아야 한다는 세상이므로 전략가 자체가 필요 없는 곳입니다.

일반적으로 약한 정상성만 만족해도 전략가의 필요성이 타당하다고 보기 때문에 정상성을 띠지 않는 게 대부분의 현실 사건 기본 데이터 자료들에 어떤 변환을 취해 정상성을 띠도록 만들어야 합니다.

이 변환 중에서 차분(Differencing)과 로그 변환이 가장 많이 사용하는 방법입니다.

① **차분(Differencing)** : 차분은 t시점과 t-1시점의 값의 차이를 구하는 것을 의미합니다. 가끔 차분을 해도 시계열의 정상성이 만족되지 않는 경우도 있게 될 경우, 정상성을 나타내는 시계열을 얻기 위해 1차 차분값을 한 번 더 차분을 구하는 작업이 필요할 수도 있습니다.

② **로그 변환 + 차분 (로그 차분)** : 로그 변환을 통해서 먼저 분산을 안정화시키고, 지수적인 값을 가지는 시계열을 선형적으로 바꿔준 다음, 로그 변환된 시계열 값에 차분을 취해 정상성을 만족시키도록 만드는 것입니다. 시간에 따라 어떤 시계열이 선형적으로 증가한다는 뜻은 즉, 그 시간에 따른 증가분 (차분)이 일정하다는 것이기 때문에, 로그 변환된 시계열에 차분까지 해주면 정상성을 만족시킬 수 있는 것입니다.

이상의 논의를 쉽게 풀이하여 정리하면, 불규칙이지만 확률과정으로 보게 되면 불규칙 데이터를 읽는 방법이 나옵니다.
그 과정에서 사건들에 대한 시계열이 일부라도 정상성이 있어야 통계적으로 추정하는 값들이 의미가 있습니다.
일반적으로 피밸류(P-value)가 0.05미만일 때 해당 데이터는 정상성을 가진다고 볼 수 있고 백색잡음(White noise)같은 경우는 정상성을 가지고 있으며, S&P500지수의 경우에는 비정상성을 띄고 있어 불규칙한 사건들의 수치간의 차이를 다시 구하는 식으로 변환을 시킨 다음 그 의미와 접점을 찾게 됩니다.

한 마디로 막무가내로 모든 사건들을 다 놓고 보는 게 아니라, 1차적으로는 무의미한 잡음을 제거하고 2차적으로는 변환을 시켜 놓고 보면 전략적 접점의 윤곽이 보이기 시작합니다.

02
규칙

규칙의 세계에서는 바로 직전에 살펴본 불규칙에 대한 대응이 전략가가 찾는 접점 작업의 핵심으로 요약됩니다.
일종의 전략적 반전이죠.
그렇게 하기 위해서는 개념의 정의부터 살펴봐야겠습니다.

법칙(law)과 이론(theory)은 상하관계가 아니라 서로 완전히 다른 것이라고 할 수 있습니다. 법칙(law)을 사회적인 측면이 아니라 과학적 측면에서 접근하면 자연계에서 작동하는 원리가 어떻게 일어나는지 수학적으로 설명이 가능하다는 뜻입니다. 뉴턴의 만유인력의 법칙은 수학적으로 정밀하게 설명이 됩니다. 이는 달이 큰 행성에 가까이 있을 때 어떻게 작용하는지 혹은 행성에서 멀리 떨어진 경우 어떻게 작용할 것인지 예측할 수 있도록 해줍니다. 그런데 법칙(law)에서는 '어떻게(how)'에 관해서는 설명할 수 있지만 '왜(why)'에 대해서는 말해주지 않습니다.

반면 이론은 100% 확실한 건 아니라는 이야기입니다. 아인슈타인 이론도 작은 원자 구성입자의 거동을 다루는 양자역학에 적용하면 무너지지만, 아인슈타인의 상대성이론이 틀렸다는 말도 아닙니다. 일반 상대성이론은 대다수의 관측을 설명하며 특수한 경우에 다소간의 균열이 발견되지만 구조 전체가 흔들릴 상황은 아니라는 이야기입니다.

우리의 일상생활 속에서 부닥치는 규칙은 「법칙의 세계」가 아니라 『이론의 세계』입니다.

이 이론은 영가설(零假說)을 만드는 작업부터 시작합니다.

귀무가설(歸無假說, null hypothesis, 기호 H0)이라고도 불리는 영가설(零假說)은 통계학에서 처음부터 버릴 것을 예상하는 가설입니다. 이 가설을 표현하는 방식은 차이가 없거나 의미 있는 차이가 없는 경우의 가설이며 이것이 맞거나 맞지 않다는 통계학적 증거를 통해 증명하려는 가설입니다.

예를 들면 "무죄 추정의 원칙"과 상당히 유사합니다.

무죄 추정의 원칙을 따르면 용의자나 피고인은 유죄로 판결이 확정 확정(귀무가설이 기각된 상태)되기 전 까지는 무죄로 추정한다(귀무가설이 기각되지 않은 상태)는 원칙입니다.

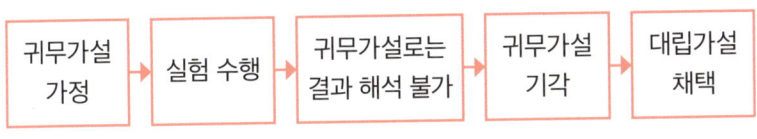

귀무가설을 이용한 가설 검증 프로세스

이 때 유죄로 판결하기 위해선 피고인이 실제로 무죄라고 가정했을 때 발생할 수 없는 증거나 상황(통계학적으로 유의한 수준)이 뒷받침 되어야 합니다.

처음부터 실패를 기도하는 이론이라서 흥미롭습니다.

처음부터 마음 속으로는 피고인이 해당 사건의 범인이라고 생각하지만 이 가정의 실패를 기도하기 위해 무죄라고 거꾸로 가설을 세우는 것입니다.

대립가설(對立假說, alternative hypothesis, 기호 H1) 또는 연구 가설 또는 유지 가설은 귀무가설에 대립하는 명제인데, "귀무가설이 거짓이라면 대안적으로 참이 되는 가설"입니다. "무죄 추정의 원칙"이 거짓이라면 대안적으로 유죄가 됩니다.

대립가설의 다른 이름은 대안가설 또는 연구가설입니다.

귀무가설/대립가설에 대해 주의할 핵심 내용 중 하나는 귀무가설을 기각할 수 있게 되었다고 해서 대립가설을 증명한 것이 아니라는 점입니다.

다시 말해 귀무가설 검증 과정은 오로지 "(검증) 실패"에만 주안점을 두는 과정이며 대립가설을 증명하기 위해서는 추가적으로 피밸류값을 봐야됩니다. p-value는, "귀무가설 하에서 관측된 사건 이상으로 귀무가설에 반하는 사건이 일어날 확률"을 말합니다. 직전에서도 이 값을 살펴본 바 있는데, 많은 연구에서 p-value가 0.05이하이면 이 귀무가설을 옳지 않은 것으로 보고 '귀무가설을 기각'한다고 표현합니다. p-value가 0.05 미만이라면, 이 통계치에서 귀무가설을 참으로 봤을 때 표본에서 실제로 해당되는 통계치가 나올 가능성은 5% 미만이라는 의미가 되어 즉 해당 통계치는 95%의 확률로 대립가설이 참이 될 가능성이 훨씬 더 높은 것이라고 할 수 있습니다.

이상의 논의를 쉽게 풀이하여 정리하면, 규칙의 세계에서는 거꾸로 '불규칙'이라는 귀무가설을 만들어 처음부터 불규칙이 아니라고 규칙성의 증거를 찾는 작업을 하게 됩니다. 그런데 그 설명력이 95% 이상이 되지 못한다면, 상당히 규칙성이 있음에도 "규칙하지 않고 불규칙하다"고 보고 접점을 찾는 접근이 전략적으로 유리하다는 걸 암시합니다.

왜냐하면 방심하고 있다가 6%의 발생가능성인 어떤 불규칙한 사건이 난데없이 튀어나와 뒤통수를 맞을 수 있기 때문입니다.

03
미끼

낚시를 하게 되면 낚시바늘 끝에 꿰는 물고기를 꾀어내는 용도로 쓰이는 주로 지렁이, 새우, 구더기, 밥알 따위를 사용하고 경우에 따라서는 가짜 미끼까지 동원하게 됩니다.
대어를 잡기 위한 미끼의 조건은 다른 어종이 잘 먹지 않거나 붕어 잔고기가 미끼를 단번에 삼키지 못하는 미끼입니다.

대어가 다가오면 잔챙이들이 당연히 피하며 예의도 모르는 잔챙이에게는 대어의 가차 없는 벌이 주어집니다. 그러나 맛있는 음식에는 애들 손이 먼저 닿는 법이라 이미 잔챙이들이 군집으로 미끼에 몰려있으면 대어는 쉽게 들어오려 하지 않습니다.

2022년 9월 14일 스페인 비정부기구 '세이프가드 디펜더스'가 중국 공산당이 세계 21개 국에 54곳 이상의 비밀경찰서를 세웠다고 폭로하여 국제적으로 핫이슈가 된 바 있고, 그 해 12월 5일 세이프가드 디펜더스가 한국에도 비밀경찰서가 있다고 주장했습니다.

한편 중국 IT 기업 화웨이는 최근 중국 정부와 협조해 스파이 행위를 도운 혐의로 미국 및 유럽국가에서 보이콧 제재를 받고 있으며, 중국 동영상 공유 플랫폼 틱톡 역시 스파이 활동 의혹으로 도마 위에 오른 바 있습니다.

미인계(Honey-trap)는 역사적으로 실존하기도 했고 병법 삼십육계의 패전계 중 제31계로 책에도 거론되어 있습니다.

1차 세계대전 중 독일로 기밀을 빼돌리다가 프랑스 정부에 의해 총살형에 처해진 마타하리 사건부터 러시아의 유명 조각가인 세르게이 코넨코바의 부인인 마가리타 코넨코바는 1935년 알베르트 아인슈타인도 접촉했고 로버트 오펜하이머에게도 접근하여 미국의 첫 원폭 실험 정보를 수집했던 다른 사례도 있었습니다.

1985년생인 예카테리나 자툴리베테르는 영국 국방특별위원회 소속

마이크 핸콕 하원의원(당시 69세)의 보좌관으로 일하면서 군사·기밀을 빼돌렸다가 2010년 발각되어(당시 25세) 체포된 뒤 본국으로 추방당했고 한국도 2009년 원정화 간첩사건이 이러한 유형인데 원정화는 한국인들을 북한에 넘긴 행위에 대해 국가보안법 위반 혐의로 징역 5년형을 선고받은 뒤 2013년에 만기 출소했고 일부 언론과 지인들에선 계속 조작 같다고 의문을 제기하는데 본인은 간첩이 맞다고 주장하는 이색 사건이었습니다.

지금부터는 이러한 고전적 차원이 아니라 전략가 차원의 새로운 유형을 살펴보겠습니다.

현대에 들어와서는 월척은 과거와 같은 떡밥미끼로는 그 확률이 낮습니다. 현대에 생존하는 월척급은 경계심이 많고 그 수도 적을 뿐만 아니라 물가로 나와 있는 시간도 짧으며 몸이 둔해 조그만 떡밥이 월척의 차지가 되기 어렵기 때문입니다.

낚시에 있어 월척 미끼의 종류를 살펴보면, 붕어 대어용으로는 새우, 참붕어, 밭(산)지렁이 그리고 메주콩, 완두콩, 겉보리, 통보리밥알, 들깻묵 짜개, 찐감자 덩어리 등을 씁니다.

이 중에 [새우]를 사용하는 접근을 응용해봅시다.
잔챙이 붕어도 새우 머리부터 잘라 먹은 뒤에 남은 몸통이 삼키기에 적당한 크기로 되면 점잖게 채비를 올리기도 하므로 다소 무거운 감성돔 외바늘이나 가지바늘에 새끼손가락 보다 굵은 새우를 통째로 꿰어 던져 놓게 됩니다.

붕어는 동물성미끼를 보면 상당시간 관찰(?)해 본 뒤에 머리 쪽부터 공격하듯이 삼킵니다. 따라서 바늘이 새우 등껍질을 뚫고 나와 바늘 끝이 새우 머리쪽으로 향하도록 합니다.

새우 응용편

대회를 개최합니다. 1등을 하면 큰 상금을 가져간다는 걸 광고를 하는데, 1등인지를 판별하는 심사위원은 무작위 선정이 아니고 작위(作爲) 산정을 미리 합니다. 그리고 심사위원의 성격 등 세세한 정보는 공개하지 않고 대회에서 이기면 (골프장에 홀인원하면 이 차를 준다는 식으로 차를 전시하는 방식으로) 시각적으로 보이는 저 자동차를 준다는 측면만 강조합니다.

새우2

미끼로 활용되는 새우는 깨끗한 물이 아니면 쉽게 죽어서 상해버리므로 그 보관이 까다롭습니다. 현장에서 잡은 것은 새우망에 넣어서 반드시 저수지물에 담가두어야 하며 낚시점에서 구입한 것은 톱밥 속에 넣어져 있으므로 아이스박스 속에서 장시간 보관이 가능합니다.

죽은 새우의 사용 가능성에 대해서는 이론이 많은데 죽은 지 얼마 되지 않은(=죽은 지 2시간 정도 경과한) 새우는 비린내가 나고 그것이 집어 효과가 되므로 선호하기도 합니다. 물때가 좋지 않아 입질이 전혀 없을 때는 새우의 껍질을 벗기기도 합니다. 다만 몸통부분만 벗기고 머리부분은 벗기지 않는 게 좋습니다. 새우 눈은 빛을 내므로 집어효과가 있어 제거하지 말아야 합니다.

새우 응용편2

대회를 열 때 헤비급·미들급·라이트급으로 체급을 세분화합니다.

그리고 최종 상금이나 전시된 자동차는 각 체급 우승자들이 협약하여 누가 가져갈 것인가를 결정하고 협상이 되지 않을 때에는 우승자들끼리 다시 싸워도 된다는 규정을 넣습니다. 그러면서 타겟이 헤비급에 출전한 경우 미들급과 라이트급은 우군을 많이 출전시켜 타겟이 된 헤비급 출전자는 결승에 진출하더라도 자기 혼자만 나가게 대진표를 잘 짭니다.

새우3

새우가 사는 저수지에는 대어가 거의 새우미끼에 낚입니다. 붕어가 그 많은 싱싱한 새우를 두고 하필 미끼로 던져준 새우에 입질을 하는 이유는 곰이 토끼 잡기 힘들 듯 새우는 날렵하므로 붕어가 쉽게 잡아먹지 못하고 바늘에 산적꽂이가 된 놈에게 접근할 유인이 높다고 생각됩니다. 머리의 뾰족한 침과 긴 수염을 제거하면 입질이 빨라지기도 하는데 고참꾼은 이나마도 건드리지 않고 자연상태의 새우를 고집하기도 합니다. 새우 속살만 꿰면 잔챙이들에게 인기있는 게맛살(?)감이 되어버립니다.

새우 응용편3

대회가 시작되면 중간점검 특정시점에는 타겟의 상대방 격인 우군도 전력으로 싸워 상대방 대비 전력을 점검하는 시간은 가지지만, 이 외에는 페이스조절을 하면서 한 템포 여유있게 플레이합니다. 즉, 상대방도 자신이 이길 수 있다는 환상을 끝까지 가져가게 하는 접근입니다. 대회 분위기를 자연 상태에 유사하게 흘러가게 합니다.

새우4

붕어가 새우를 입에 넣은 뒤에는 몸을 위로 치켜드는데 이때 찌가 두 마디정도 솟습니다. 찌가 중간쯤 올라오다가 비스듬한 상태로 옆으로 성큼성큼 걸어가는 경우인데 봉돌이 무거울 때는 거의 틀림없이 준척급 이상입니다. 챔질 순간을 '찌가 완전히 솟은 때'로 정해 두고 '올리는 도중에 다시 내려갈 때는 물 속에 잠길 때까지 기다려 보는 것'도 방법입니다.

새우 응용편4

상대방이 경기초반보다 경기 중후반에 더 속도를 내면 뒤처지지는 않고 한 발 뒤에서 따라가는 정도로 추격하며 상대방이 어디까지 속도를 내나 기다려줍니다. 그리고 상대방 최고 속도가 유지되지 못하고 줄어들려는 순간 결승선 직전에는 아낌없이 힘을 총동원하여 전력 질주합니다.

미끼의 접점은 신선한 미끼 또는 죽은 지 2시간 정도 경과한 비린내로 집어효과가 있는 새우를 준비하는 단계에서 60% 이상 월척을 확보하고 들어가는 낚시였다는 점을 주목해야 되겠습니다.

04
탈취(奪取, takeover)

탈취는 전쟁의 역사로 요약됩니다.

시대를 조금만 거슬러 올라가면, 19세기까지 진행된 식민지 쟁탈전의 역사이고 미국 및 호주 뉴질랜드는 그 결과로 형성된 국가입니다.

시대를 조금 더 거슬러 올라가면, 중세 십자군 원정의 역사이고 중국 칭기즈 칸과 그 후예의 정복 역사입니다.

시대를 많이 거슬러 올라가면, 인류 후석기부터 고대 로마시대까지 이어지는 제국의 형성 역사입니다.

접점을 찾는 우리의 여정에 있어서는 우크라이나 전쟁의 미래 모습으로 질문이 압축되겠습니다.

러시아의 우크라이나 침공 시작은 2022년 2월 24일 오전 4시 50분경이었습니다.

단서는 이미 8년 전인 2014년 발발한 '돈바스 전쟁'으로 불리는 우크라이나 정부군과 친러 분리주의 반군 세력 도네츠크 및 루간스크 사이의 국지적 분쟁에서 비롯되었습니다.

개전 초 러시아의 집중적인 가용자원 할당에도 불구하고 졸전으로 전황은 장기화되고 있고 서방은 러시아를 대상으로 국제 결제망 퇴출, 러시아 은행 보유 외환 및 푸틴 체제 주요 인사들의 국외 자산 동결, 러시아 국적 항공기 및 선박에 대한 영공 및 영해 출입 금지 등 제재 조치를 단행했으나 과거 1990년대에 나타났던 경제적 혼란에 버금가는 국가 부도의 위기에 처했으나 견뎌내고 있고 러시아는 비우호 국가 목록을 발표하면서 역제재를 부과하고, 전세계는 2022년 식량·에너지 위기 등으로 타격을 입고 있다고 전황은 요약되겠습니다.

서방 쪽에서 우크라이나 전쟁을 사실상 군사적으로 감독하는 미국의 마크 밀리 합참의장은 2022년 11월9일 뉴욕경제클럽 강연에서 양쪽에서 각각 10만 명의 병사가 숨지거나 다쳤다고 밝히며 그동안 러시아

쪽 전상자가 훨씬 많다는 서방의 주장을 일축한 바 있습니다. 또한 "협상의 기회가 있을 때, 평화를 이룰 수 있을 때 그것을 잡아야 한다"고 협상해야 한다는 촉구 메시지를 내고 있습니다. 밀리 의장은 2023년 1월20일 독일의 람슈타인 미군기지에서 열린 우크라이나 지원국 회의인 '우크라이나 국방 연락 그룹'(UDCG) 회의에서도 "군사적 관점에서 나는 올해 안에 러시아군을 러시아가 점령한 우크라이나에서 군사적으로 전부 다 몰아내는 것은 매우 매우 어렵다고 여전히 주장한다"며 우크라이나에서 끝없는 학살보다는 협상한 평화가 좋다고 말했습니다.

이러한 밀리 미 합참의장의 지적처럼 이 전쟁은 협상으로 끝낼 수밖에 없다고 접점을 찾아야 된다는 게 전략적 판단입니다. 이제 문제는 누가 먼저 상대를 협상장에 나오도록 강제하는 유리한 상황을 만드냐만 남은 셈입니다.

우크라이나에는 레오파르트1 전차 등 서방의 추가 지원이 얼마나 신속하고 실효적으로 진행되느냐는 쉽지 않은 문제였습니다. 서방의 공격용 중전차가 우크라이나 전쟁에서 효과를 보려면, 적어도 100대 정도가 지원돼야 하는데 독일의 레오파르트2, 미국의 에이브럼스 전차를 100대 이상 지원하려면 일러야 2024년 초에나 가능합니다.

서방의 우크라이나 전차 지원이 현실화되더라도, 2024년 임기가 만료되는 푸틴이 종신집권을 위해 서방 대리전에서 당하지만 않을 가능성도 고려해야겠습니다.

탈취의 미래 향방과 관련하여 2가지 질문이 다음과 같이 생기게 됩니다.

첫번째는 국가 간 분쟁 측면에서 탈취 시도가 향후 잠재적으로 발생할 후보지는 어디가 있을까요?

우크라이나 침공을 한 러시아는 핵 보유국가이고 과거 미국과 핵 감축 회담을 하는 협상 상대방이기도 했습니다. 소련과 미국 간의 전략무기제한협정(Strategic Arms Limitation Treaty 약칭 SALT)가 1972년 5월 26일에 1차 협정이 있었고 1979년 6월 18일 2차 협정이 있었습니다. 소련연방이 해체된 이후 러시아와 미국 간에도 1991년 7월 31일 양국의 대통령이 모스크바에서 만나 첫 번째 감축협정(Strategic Arms Reduction Treaties, START I)을 체결했고 부시 대통령은 퇴임을 불과 17일 남겨둔 1993년 1월 3일 보리스 옐친과 두 번째 감축협정(START II)을 체결했습니다.

북한이 ICBM을 2023년 쏘면서 이 무기는 한국과 무관하다는 걸 김여정의 담화문에서 이야기하는 의도는 북한이 미국과 핵 감축회담을 원한다는 메시지로 해석하는 외교전문가도 있습니다.

만약 미국이 이러한 북한의 의도대로 핵 감축회담을 하게 된다면 암묵적으로 북한이 핵 보유국임을 인정하게 되는 메시지가 내포되게 됩니다. 핵 보유국가로 분류가 되는 순간부터 북한은 과거보다 국지적으로 탈취를 시도하려는 동기가 더 생길 수 있는 구조가 됩니다.

두 번째 질문은 「탈취 시도의 수단 중에서 가장 중요한 도구는 무엇일까요?」입니다.

우크라이나 전쟁은 전쟁 초기시점의 예상과 달리 전황은 장기 소모전으로 1년 이상 진행되고 있습니다.

우크라이나 침공당시 러시아는 전차부대의 괴멸이 있었지만 중반부터는 원료 및 탄약 보급과 타 육군부대와의 공조 체제가 복원되며 전차의 역할이 나름 나타나고 있습니다. 특히 예전의 우크라이나 영토를 다시 찾으려는 우크라이너는 서방에 레오파르트2 A6·M1 에이브럼스 탱크 지원을 강력하게 요청하고 있는 실정으로 2023년 상반기말부터는 일부 서방 탱크의 갹출을 통해 현지 배치될 전망입니다.

탈취를 위한 국지전 분쟁에 있어 전차의 역할은 여전히 중요하다는 걸 보여주는 대목입니다. 따라서 국방 전략에 있어 핵에 올인하는 북한이 상대적으로 주안점이 약했던 전차 부대의 전력 보강이 이루어질 경우 그 자체가 향후 탈취 시도 가능성을 조금 더 높게 봐야 되는 지표 역할을 할 수 있습니다.

탈취는 위와 같은 지정학적 국지전과 더불어 핵심기술에 대해서도 탈취전이 현실적으로 벌어지고 있습니다.

세계 최대 반도체 노광장비 업체 ASML이 회사의 기밀 정보를 수개월 동안 빼돌린 혐의로 중국 법인 직원을 고소하는 사건이 2023년 2월에도 있었고 반도체 기술 탈취 피해는 한국도 '속수무책'으로 그 동안 빈번하게 당했습니다.

최근 중국의 반도체 정보 탈취가 늘어나는 배경으로 미국의 제재 압박을 원인들 중 하나로 꼽을 수 있는데, 중국은 미국과 긴장이 고조되는 상황에서 자체 반도체 산업을 육성하기 위해 노력하고 있지만, 중국의 반도체 역량은 대만과 한국·미국 등에 뒤처져 있어 기술 탈취 시도가 많았고 그 위험은 지금도 진행 중입니다.

북한의 경우 조직적인 해커 양성과 동원을 통해 탈취한 암호화폐 사건이 이어지고 있고 노르웨이 등 서방국가들은 북한이 '라자루스' 등 3대 해킹 조직을 치밀하게 운용하고 있다고 보고 있습니다. 탈취한 가상화폐의 자금세탁 과정도 일부 밝혀지고 있습니다.

미국 국토안보부장관은 "북한이 최근 2년 동안에만 10억 달러가 넘는 암호화폐와 경화의 사이버 탈취를 통해 대량살상무기 프로그램에 자금을 지원했다"고 지적한 바 있습니다. 백악관 사이버-신기술 담당 부보좌관도 "북한은 미사일 프로그램을 위한 자금을 얻기 위해 사이버를 활용한다"며 "최고 3분의 1 이상을 이렇게 충당하는 것으로 추산한다"고 밝혔었습니다.

미국 연방수사국(FBI)은 2022년 6월 '하모니'의 '호라이즌 브리지'의 1억 달러의 가상화폐 탈취 사건이 북한 정찰총국 산하 해킹 조직 '라자루스' 소행이라고 발표했습니다. 미국 재무부는 2022년 5월과 8월에 각각 북한이 탈취한 암호화폐 세탁에 사용된 믹서 서비스 '블렌더'와 '토네이도 캐시'를 제재하기도 했습니다.

대외적 관계 뿐만 아니라 국내 기업간에도 기술탈취가 적지 않습니다.

'롯데헬스케어의 알고케어 기술탈취'가 기술분쟁조정위에 이슈화되어 있고 한화는 태양광전지 제조설비 회사 에스제이이노테크로부터 태양광전지 생산설비 중 하나인 스크린프린터 핵심 기술 자료를 제공받은 뒤 자체 개발·출시에 나서자 제소되어 고등법원에서 기술 유용(하도급거래 공정화에 관한 법률 위반)으로 판단된 바 있습니다. 선박 엔진의 핵심 부품, 피스톤을 만드는 중소기업 삼영기계와 현대중공업과 분쟁 등 우월적 지위를 이용해 하청기업의 기술을 가져가는 사례들을 현실적으로 확인할 수 있습니다.

미국 정부가 중국의 첨단기술 탈취에 대응하기 위한 새로운 전담 조직을 구성하겠다고 밝히고 있듯이, 탈취에 대한 국가적·기업적 그리고 사회적 대응 접점 접근이 싱크탱크 내 주요 업무 중의 하나가 되고 있는 추세로 판단됩니다. 정부·기업 내외에 있는 각 분야의 전문 스텝을 포용하고 정책 입안의 기초가 되는 각종 시스템을 개발·연구하는 독립 기관인 한국 싱크 탱크(Think tank)들이 놓치고 있는 부분이 바로 이 점입니다.

05
동정

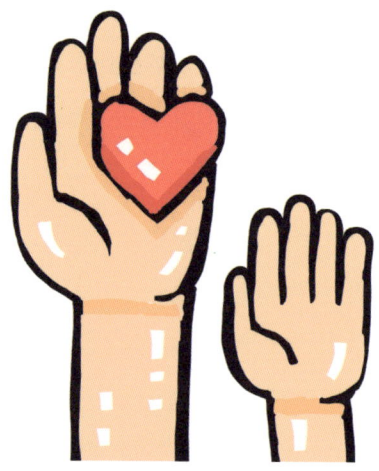

동정이야말로 가장 무서운 접점이고 무기라는 걸 깨닫는데 필자의 경우에는 많은 시간이 걸렸습니다.

남의 어려운 처지를 자기 일처럼 딱하고 가엾게 여기거나, 그 사정을 이해하고 정신적으로, 혹은 물질적으로 도움을 베푸는 마음을 동정(sympathy)이라고 합니다.

남과 같은 마음으로 바라보는 공감(empathy)의 영역이기도 한데, 미묘한 차이점도 있습니다.

공감은 본질적으로 타인이 느끼고 생각하는 것을 이해하는 양식이라서 공감이 반드시 타인에 대해 걱정하는 감정을 포함하거나 그러한 감정으로 결과 되지는 않습니다. 또한 타인의 고통을 이해한다고 해서 반드시 타인을 돕는 어떤 행동을 해야 한다는 결론에 이르지는 않습니다.

공감은 동정과 혼용해도 괜찮은 부분도 있습니다. 공감을 통해 타인을 이해하게 되면 타인에 대해서 걱정하는 감정이 생기고, 결국 그 사람을 돕고자 하는 마음이 생기기 때문입니다. 물론 도덕적으로 결함이 없고 경제적·시간적 여유가 있을 때 그렇죠.

우리가 다른 사람에게 공감하게 되면 그에 대해 걱정하게 되고 돕고자 하며 또 그러기를 바랍니다. 타인의 감정과 생각을 알게 되고 관찰자의 위치에서 탈피하여 타인을 돕고자 하는 행동에 대한 질문으로 나아가면서 공감이라는 개념은 동정의 의미를 갖고 또 이타적인 행동과 연결됩니다.

동정과 공감에 대한 영역은 철학 심리학에 국한되지 않고 다양한 학문, 의료윤리·미학·사회학 뿐만 아니라 경제학과 정치학 등과도 연계되어 그 논의를 더욱 풍부히 할 수 있습니다.

동정에서 찾는 우리의 접점은 「자연스러운 동정」으로 요약됩니다.

인위적이거나 과장된 동정을 유도할 경우 오히려 신뢰성이 깨어지고 장기적으로 반작용에 시달릴 수 있습니다.

자동차로 비유하면 광택을 낼 수 있게 대부분 새 차를 유광으로 뽑습니다.

유사시에 전쟁을 치르는 전투용 차량은 유광이 없고 모두 무광입니다. 색깔도 최대한 적군에 잘 안 띄게 빨강색 등 원색도 없고 검정 등 무채색도 없고 풀숲과 유사한 자연 위장(camouflage)색입니다.

현대에서 일반 민간인에게 파는 차량 중에서 기존의 패턴과 달리 무광색이 제법 있었던 차종이 있습니다. 지금은 생산 단종된 벨로스터는 무광 그레이 · 무광 블랙 등 무광 칼러를 신차로 뽑을 수 있었고 현재 길에서 심심찮게 마주치게 됩니다.

현대차는 무광을 선호하는 구매자층을 벨로스터 판매를 통해 확인한 이후 제네시스 GV80에도 3개 색상(흰색·진회색·진녹색)에 무광을 적용하고 있습니다.

유광과 달리 무광은 자연스러움을 보는 이들에게 느낄 수 있다는 측면에서 동정까지는 아니지만 최소한 경계심(wariness)을 푸는 전초 단계까지 갈 수도 있습니다.

없어도 있는 척해야 사업이 잘 되는 직업군도 있는 반면, 있어도 있는 척하면 사업이 잘 안되는 직업군도 현실적으로 있습니다.

필자의 동네에는 동물병원이 두 곳이 있는데, 한 곳은 동물병원 앞에 수의사의 벤츠 차량이 늘 앞에 주차해 있고 다른 한 곳은 수의사의 차종이 무언지 잘 모르게 안 보이는 곳에 주차하는 듯 합니다. 키우는 개가 아파서 조제약을 타러 동물병원에 가야 되는 상황이 되었는데 벤츠 마크가 큰 승용차를 정면으로 세운 곳은 비싸게 받을까봐 하는 경계감이 생겨, 다른 곳을 찾아간 경험이 있습니다.

주식시장·환율시장 등의 금융시장은 경계심이 많은 곳입니다.
금리 인상기 환율시장에는 미국의 긴축 불안감에 대한 불안감과 외환당국의 간접적인 시장개입 경계심이 서로 힘겨루기를 하고 미국연준회의(FOMC)를 앞두게 되면 미국 국채시장에서 나타나는 경계심은 한층 더해집니다.
시장참여자들의 경계심 뿐만 아니라 금융정책 당국의 경계심도 만만찮습니다.
시장참여자들 사이에 피벗(통화정책 방향 전환)을 기대하는 시장의 낙관론이 많이 생기게 될 경우 금융정책 당국은 인플레이션을 잡으려는 연준의 노력을 망칠 수 있다는 경계심을 가지고 매파 발언을 적극적으로 하기도 합니다.

시선을 정치판으로 옮기면 상상을 초월하는 동정심 전략을 심심찮게 발견하게 됩니다.

특히 한국 정치판이 그렇습니다.

일단 무슨 현장에 가면 울고 봅니다.

때로는 영화배우보다 더 잘 울 수 있다면 선거를 코 앞에 앞둔 시점에는 잘 하면 대박이 터집니다.

이럴 경우 정책대결도 필요없고 신발 밑창이 닳도록 발로 열심히 뛰어다니지 않아도 금뱃지 달 수 있습니다.

"눈물의 방아쇠를 당겨라"라고 동정 레시피(recipe)는 가르치고 있는데, 주의할 점은 인공 조미료 없이 '대중이 원하는 식탁 요리'를 만들 때 그렇다는 이야기로 동정 접점 이야기는 요약되겠습니다.

06
공격

「최선의 방어(防禦)는 공격(攻擊)이다」라는 [선즉제인(先則制人)] 사자문구가 있습니다.

초나라 항우가 선수를 쳐서 회계태수 은통(殷通)을 제압한 데서 유래된 말로, 싸움을 할 때는 선수를 치는 게 유리하다는 의미입니다.

기선을 잡아야 상대방을 제압할 수 있다고 간단하게 결론내리기에는, 이 이야기를 들여다보기 시작하면 상황이 간단치 않다는 걸 저절로 느끼게 됩니다.

"진시황이 죽고 2세 황제가 즉위하자 전국 각지에서 반란이 일어났고 진승(陳勝)과 오광(吳廣)은 농민군을 이끌고 대택(大澤)에서 군대를 일으켰다. 진승과 오광은 단숨에 기현을 함락하고 진(陳)에 입성하였다. 이후 귀족들과 반진(反秦) 세력과 힘을 합하여 진나라의 도읍인 함양(咸陽)을 공격하였다.

이때 회계(會稽) 태수 은통(殷通)도 혼란을 틈 타 반란을 계획하고 있었다. 그리하여 오중(吳中)의 실력자인 항량(項梁)을 불러 거병을 의논하였다. 항량은 초(楚)나라의 명장 항연(項燕)의 아들로 조카인 항우와 함께 오중으로 도망친 뒤 타고난 지도력으로 실력자가 되었다.
하루는 은통이 항량을 불러 자신의 생각을 말했다.

"강서지역에서는 지금 모두들 진나라에 반기를 들고 있소. 이는 하늘이 진나라를 멸망시키려는 때가 온 것이라 할 수 있네. 내가 들으니 먼저 손을 쓰면 상대편을 제압하고 나중에 손을 쓰면 상대편에게 제압당한다고 하니 나는 그대와 환초를 장군으로 삼아 군대를 일으키려고 하오."

이에 대해 항량은 이렇게 말했다.

"군대를 일으키려면 먼저 환초부터 찾아야 합니다. 환초가 있는 곳을 아는 자는 제 조카 항우뿐입니다. 이 기회에 지금 밖에 있는 항우에게 환초를 찾아오라고 하는 것은 어떨까요?"

은통은 오중의 실력자이자 병법에도 일가견이 있는 항량을 이용하여 자신의 출세를 위한 수단으로 삼으려고 했으나 항량은 은통의 머리 위에 있었다.

은통은 밖에서 기다리고 있던 항우를 들어오게 하였다.
항량은 밖에서 기다리고 있는 항우에게 살짝 다가가 귓속말로 이렇게 말했다.

"내가 눈짓을 하면 가차없이 은통의 목을 치도록 하여라."

항우가 방에 들어와 은통에게 예의를 갖추고 조심스럽게 항량을 쳐다보았다. 그 순간 항량은 재빠르게 눈짓을 보냈다. 항우는 그 즉시 칼을 빼고 은통에게 달려들어 단칼에 그의 목을 쳤다. 결국 은통은 항량에게 선수를 빼앗겨 그 자리에서 죽임을 당하였다.

그 후 항량은 회계의 태수가 되어 온통이 거느리던 군사 8천 명을 이끌고 함양으로 진격하던 중 전사하고 말았다. 항량의 뒤를 이어 회계의 군수가 된 항우는 유방과 5년 간에 걸쳐 천하를 두고 패권을 다

투다가 패전하여 자결하고 말았다."

위의 이야기를 간결하게 요약하면, "왕이 죽고 2세가 즉위하자 지방의 우두머리가 반란을 꿈꾸며 누군가의 중개로 포섭을 시도했는데 협상 테이블에 앉자마자 암살되고 그의 위치와 군대는 암살자가 차지했는데, 그 암살자도 당초 피암살자의 계획대로 반란을 시도하던 중 죽었고 그 뒤를 중개자가 이어 5년 패권 다툼을 후에 하였으나 자살했다"가 되겠습니다.

과연 공격은 최선의 방어일까요?

때로는 「방어가 최선의 공격이다」는 접점이 형성될 수 있습니다.
[선즉제인(先則制人)]과 대칭되는 [후발제인(後發制人)] 이야기를 살펴보죠.
'뒤에 손을 써서 상대방을 제압한다'라는 뜻으로, 적을 상대할 때 한 걸음 양보하여 그 우열을 살핀 뒤에 약점을 공격함으로써 단번에 적을 제압하는 전략입니다.
남보다 뒤처졌을 때는 상대가 쇠퇴하기를 기다리는 방법으로 적을 상대할 때 한 걸음 양보하여 그 우열을 살핀 뒤에 약점을 공격하게 됩니다.

『삼국지』의 조조가 써먹은 전략으로 원소(袁紹)라는 강적과 싸워 이

긴 전략입니다.

"원소는 이른바 '사세삼공(四世三公)'의 명문 집안 출신이었다. 4대에 걸쳐 재상을 배출한 집안이었다. 명문 중에서도 명문이었다. 명문인 만큼 원소 주위에는 사람들이 많이 몰려들었다. 많은 인재를 확보한 원소는 야심이 생겼다. 공손찬을 깨더니, 내친 김에 임금자리까지 노리게 되었다. 압도적인 군사를 이끌고 조조가 임금을 모시고 있는 허도를 향해 진격했다. 선수를 친 것이다.

조조는 고민에 빠졌다. 한참 열세였다. 그렇다고 싸움을 앞두고 기가 죽을 수도 없었다. 우선 부하들을 안심시켰다. "원소는 야심은 크지만, 지모가 부족하다. 기세는 등등하지만, 내심은 생쥐다. 군사는 많지만, 책임 분담이 분명하지 않다. 따라서 대단할 것 없다."

하지만 원소의 대군을 감당할 수는 없었다. 조그만 전투를 치른 후, 조조는 관도로 물러나 방어해야 했다. 관도까지 따라온 원소군은 조조군에게 화살을 소나기처럼 퍼부었다. 조조의 병사들은 방패 뒤에 숨어서 기어다녀야 할 정도였다.

조조는 군량마저 바닥나기 시작했다. '작전상 후퇴'를 생각하게 되었다. 그러나 참모 순욱은 이를 악물고 참아야 한다고 주장했다. 쩔쩔매고 있는 조조에게 마침 원소의 장수 몇 명이 투항해왔다. 그 가운데

한 장수가 중요한 군사기밀을 털어놨다. 원소는 오소라는 곳에 1만 수레의 식량을 쌓아놓고도, 소수의 경계병만 배치하고 있다는 제보였다. 조조는 재빨리 원소의 군량창고를 불태워버렸다.

군량이 떨어져 다급해진 원소는 조조에게 공격을 퍼부었다. 군량이 부족한 것은 조조도 마찬가지였다. 그래도 침착하게 버텼다. 원소는 7만이나 되는 사상자를 내고 물러날 수밖에 없었다. 결국 병으로 쓰러지고 말았다.

조조는 이렇게 늦게 시작하고도 승리의 계기를 나중에 마련할 수 있었다. 조조는 작은 전투를 치른 후 관도로 물러났다. 그러면서 병력 손실을 줄일 수 있었다. 원소를 관도까지 따라오도록 유인하는 효과도 거뒀다. 정면대결을 피하고, 적의 후방에 있는 군량창고를 태웠다."

위의 이야기는 「유연함(tenderness) 또는 융통성(flexibility)」이 「시간이라는 변수」와 합해져서 전술을 적절하게 사용하면서 강한 상대를 무너뜨렸다고 요약되겠습니다.

이상의 두 사례는 현대 용어로 다음과 같이 바뀝니다.

① 상대방의 의도가 배신(背信, betrayal)에서 출발하고 있다면 선즉제인(先則制人)이라는 '싸움을 할 때는 선수를 치는 방식'도 전략적인 선택

후보가 될 수 있다.

② 상대방의 의도가 덕(德, virtue)에서 출발하고 있거나 상대방의 힘이 너무 강할 때에는 후발제인(後發制人) 시각과 시간의 변수를 혼합하여 접근하는 게 유리하다.

참고로 2차 세계대전 중의 1944년 6월 6일 D데이에 실시된 연합군의 노르망디 상륙(Normandy landings) 작전은 후자와 맥을 같이 하는 전략이었습니다.

노르망디 상륙작전에 대한 암호명은 「오버로드 작전(Operation Overlord)」였는데, 영어단어 오버로드(Overlord)의 사전적 단순한 의미는 '과적, 과부하'이나 전산학에서 오버로드(overload)는 객체 지향에서 하나의 함수 또는 연산자가 입력에 따라 여러 가지 동작을 하도록 하는 것을 말합니다'

시간을 치밀하게 정하고 사전 준비와 적의 다양한 관찰을 토대로 이 상륙작전이 오랜 시간 끝에 결단력 있게 이루어졌다는 측면에서 조조의 시간차 공격과 유사한 점이 있겠습니다.

07 희생

전략가 입장에서 최고 단계의 전략은 지금 살펴 볼 『희생』과 바로 이어 살펴 볼 『반전』입니다.

고차원적 접근이므로 간단한 사례부터 시작하겠습니다.
야구에 있어 희생 플라이(Sacrifice fly: SF)가 있습니다.

노아웃이나 원아웃 상황에서 주자가 3루에 있을 경우 타자가 외야 깊숙한 곳으로 타구를 날려 플라이볼이 되면 3루에 있던 주자가 홈으로 출발하여, 수비측의 주자 태그보다 먼저 홈에 들어와서 득점하는 경우를 지칭합니다.

전문가들에게는 여전한 논란의 대상이고 번트처럼 타수에 포함되지 않고 다른 구기 종목에서는 유사한 패턴이 없다는 측면에서 '약간 얍삽한 희생'으로 봐야 될 거 같습니다.

'고귀한 희생'으로 역사적인 사례를 살펴보면, 잔 다르크(Jeanne d'Arc, 1412년 1월 6일 ~ 1431년 5월 30일)가 있습니다.

그녀가 처음으로 전투에 참석한 때는 1429년 4월 29일 잔 다르크는 잉글랜드군의 포위를 받은 오를레앙에 도착했을 때인데 만 17세였고 오를레앙의 처녀(la Pucelle d'Orléans)라고 불리는 이유도 첫 전투지라서 그렇습니다.

그녀의 공격적인 전투관이 우여곡절 끝에 받아들여지고 현실화되면서 그녀가 앞장선 전투의 승리 덕분에 1429년 7월 17일 랭스 대성당에서 5년 동안이나 공석이었던 프랑스 국왕 샤를 7세가 탄생하기까지 했습니다. 만18세였던 1430년 5월 23일 잔 다르크는 격전을 벌이다가 포로로 사로잡혔고 1430년 12월에 그녀는 당시 잉글랜드가 지배하고 있던 루앙으로 이감되었습니다. 만19세가 되자마자 1431년 1월 9일 잉글랜드의 점령지역인 루앙에서 종교재판이 열렸고 1431년 5월 29일 법정은 잔 다르크에게 화형을 선고했고 다음 날 1431년 5월 30일 잔 다르크는 루앙의 비외 마르세 광장에서 군중이 보는 앞에서 불 태워졌고 다시 시체를 세 번이나 불에 태워서 잿더미로 만든 후에 센 강에 내다 버렸겼습니다.

그로부터 거의 5백년이란 시간이 흐른 1920년 5월 교황 베네딕토 15세는 잔 다르크를 성인으로 축성하였고 화형된 지 491년 뒤에 마녀에서 성인으로 바뀌었습니다.

정작 그녀의 용맹적인 전투로 가장 큰 혜택을 보아 국왕이 된 샤를 7세는 국왕이 된 지 1년 후에 벌어진 시점에 포로가 된 잔다르크의 석방 혹은 구출에 대한 어떠한 노력도 하지 않았다는 점까지 생각한다면, 그녀의 희생이 혼자만 지고 가는 십자가라고 비유될 수 있을 정도로 비극적으로 생을 마칩니다.

우리 한국에도 윤봉길 유관순 등의 사례가 있습니다.

만18세 되던 해에는 시집 〈오추〉(嗚推), 〈옥수〉(玉睡), 〈임추〉(壬椎) 등을 발간하는 등 시인이기도 했던 윤봉길 의사는 만23세의 나이에 상하이에서, 당시 중국의 국민당 지도자였던 장제스는 '중국의 100만이 넘는 대군도 해내지 못한 일을 조선인 청년 윤봉길이가 해내다니, 참으로 기적 같은 일이 아닐 수 없다'며 극찬하며 상하이 한국임시정부를 지원하게끔 한 거사를 하고 그 해 겨울이 올 때 총살되었습니다.

이처럼 고귀한 역사적인 사례가 아니라 현 시점에서 우리의 터전에서 펼 수 있는 희생 접점을 찾아보겠습니다.

'헝거리(Hungry) 정신'으로 자신을 무장할 수 있을 때에만 이 전략을 생각하십시오.

다른 말로 표현하면, 어떠한 목표를 쟁취하기 위해 간절함이 있고 설사 잘 안되어 춥고 배고파도 견뎌낼 칠전팔기(七顚八起) 각오가 있다면 하십시오.

본인이 아니라 가족들이 고생할 수도 있다는 점을 알고 하십시오.

유관순 의사는 서대문형무소에서 만17세로 순국하셔서 남편은 없습니다. 그런데 윤봉길 의사는 15세에 결혼하였고 그 부인 입장에서 보면 남편은 만21세에 만주로 망명했고 만24세에 일본 제국 이시카와현 가나자와시에서 총살당하셨습니다.

물론 현대의 대한민국은 명실상부한 독립국가이기 때문에 많이 다릅니다만, 필자의 9번째 책인 『서울시장, 12개의 별』에 언급된 바처럼 정치인생에 있어 실제로 칠전팔기(七顚八起) 여정을 걷고 있는 과정에서 가까운 사람들이 얼마나 안타깝게 마음을 가질 수 있는지가 간결하게 묘사되어 있으니 참조 부탁드립니다.

희생하고는 거리가 먼 인생을 산 아일랜드 작가 오스카 와일드(Oscar Fingal O'Flahertie Wills Wilde)는 향년 46세로 작고하기 이전 십여년은 몰락하여 힘든 인생을 살았는데, 그런 그가 묘사한 '희생'에서 우리의 현실적 접점을 찾을까 합니다.

"타인의 슬픔을 같이 해주기엔 우리네 인생이 너무도 짧다. 우리 인간은 자기 자신에게 주어진 인생을 살아가기에도 급급하다. 더군다나 실수를 할 때마다 그에 대한 대가를 치러야 한다는 사실은 매우 유감스러운 일이 아닐 수 없다. 실제로 우리는 끊임없이 희생을 치르고 또 치러야 하는 경우가 많다. 그러나 수많은 인간과 관계하는 운명은 이를 감안해 주지 않는다."

그가 묘사하는 희생은 앞서 우리가 살펴본 "고결한 희생"과 다르며, '실수를 할 때 치러야 하는 희생'이라는 점에서 매우 현실적입니다. 운명은 이를 감안해주지 않으므로 「지속되는 희생」이 아니라 『제한된 희생』을 바탕으로 결국은 당초 목표했던 결과를 성취하는 접점으로 우리의 희생 접점을 최종적으로 정의하고자 합니다.

08 반전

동일한 도형이면서 두 가지로 달리 보이는 도형을 반전도형(reveresible figure) 또는 다의도형(多義圖形, ambiguous figure)이라 칭합니다.

아래 그림처럼 검은 색을 중심으로 먼저 보느냐, 아니면 흰색을 중심으로 먼저 보느냐에 따라 같은 도형인데 보는 형상이 다를 수 있는 도형이 되겠습니다.

반전도형(reveresible figure) 예시

형태심리학(形態心理學)에서는 인간의 정신 현상을 개개의 감각적 부분이나 요소의 집합이 아니라 하나의 그 자체로서 전체성으로 구성된 구조나 갖고있는 특질에 중점을 두고 이를 파악한다고 봅니다. 이 전체성을 가진 정리된 구조를 독일어로 게슈탈트(Gestalt)라고 칭하여, 게슈탈트 심리학이라고 일컫기도 합니다. 그 사례로 위와 같은 반전도형을 예시하고 있죠.

그런데 접점을 찾는 우리의 여정에서 말하는 반전은 보는 이에 따라 이렇게도 보이고 저렇게도 보이는 반전이 아닙니다. 확률적인 표현으로 바꾸면, 약 50%인 사람들은 검은 바탕에 먼저 시선을 가져가고 다른 50%의 사람들은 흰 바탕에 먼저 시선을 가져가는 게 반전도형입니다.

반면 80 내지 90%의 사람들은 A라고 하는데, 20 내지 10%만 B라고 한다고 가정해봅시다.

또는 확률을 좀 더 극단적으로 대비하기 위하여 '95%의 사람들은 A가 미인(또는 미남)이라고 하고 5%만 B가 미인(또는 미남)이라고 한다고 할 때, A와 결혼할 수도 있고 B와 결혼할 수도 있는데 B와 결혼할 수 있는가?'의 선택이 됩니다.

이렇게 되면 적어도 한 사람의 인생이 걸린 문제이므로 아마도 99%의 사람들은 당연히 A와 결혼할 것입니다. 그럼에도 100명 중의 단 한 명 만이 절대다수와 다르게 B와 결혼했고 초기에는 많은 고생들을 하여 '봐라, 대중의 눈의 맞지 않는가?!'라는 따가운 시선도 견뎌내고 이제 잊혀질 만큼 상당한 시간이 지나고 나서 B와 결혼한 사람이 99명의 평균 행복을 앞지르는 큰 행복을 느낀다는 걸 뒤늦게 대중이 지각할 때가 "진짜 반전"이 되겠습니다.

이러한 예가 어디에 있을까요?
개척자들이 그 전형적인 예입니다.

지구가 둥글다고 아무도 생각하지 못하고 저 수평선 넘어 멀리 가면 가파란 절벽 아래로 배가 떨어져 산산조각이 난다고 모두가 믿었을 때, 개척자들은 그들의 눈에는 '목숨을 걸고' 수평선 너머로 갔습니다. 그것도 한 번의 시도가 아니라 셀 수 없는 시도가 이어진 끝에 아메리카 대륙을 발견한 것입니다.

이것이 반전도형과 다른 진짜 반전 이야기입니다.

백인들만 이러한 경험을 했다고 생각하면 오산입니다.
우리나라에는 신라 백제 고구려라는 삼국시대가 BC 18년부터 AD 660년까지 있었습니다.
그리고 가야라는 국가도 이 때 있었습니다.
정확하게는 가야(伽耶)연맹인데 AD 42년경부터 있었고 AD 532년 금관가야 멸망으로부터 562년 대가야 멸망이 있었습니다. 이 때 평민들은 누구 밑에 있으나 맨 마찬가지라는 일반적인 다수의 정서대로 새로이 바뀐 정복자 밑에 살았습니다만, 귀족 일부는 이 다수의 정서대로 살지 않고 이전 무역 상대방이었던 일본으로 이주했습니다.
가야인들 가운데 김유신 일족과 같이 정복국인 신라의 중신으로 최고 권력에 오른 사람도 있었고 일부는 뛰어난 철과 토기 기술을 갖고 일본 열도로 대거 이주해 일본에서 고대국가가 탄생하는 데 일조합니다.

외세 침략으로 나라를 잃은 가야인들은 바다를 건너가는 위험을 감수하더라도 일본에 정착하였고 이 시점 가야인이 정착한 일본 후쿠오카는 철기문화도 없었고 4세기까지는 말도 없었습니다. 최초의 기마민족으로 가야 후손들은 말을 타고 동쪽으로 정복활동을 시작해 오사카에 도달하여 가와치 왕조를 세우고 150년 동안 지속하다가 한반도 가야가 완전히 멸망한 후 주도권을 백제계인 아스카로 넘겨주게 됩니다.

다시 우리가 접점을 찾는 여정으로 돌아와 반전을 접근하면, 때로는 현실적인 바다를 건너가거나 아니면 가상적인 바다를 건너갈 수 있는 개척정신이 필요하다고 압축됩니다.

오늘날의 미국을 있게 한 첫 번째 동력은 서부개척정신이었습니다. 영어로는 개척자를 프론티어(frontier)라고 하고 개척정신을 프론티어리즘(frontierism)이라고 합니다.

미 대륙발전의 원동력인 개척정신(frontierism)은 대서양 연안의 13개 주로 시작된 미 합중국도 그것으로 만족하지 않고 서부로 국경을 계속 확대해 나가게 만들었습니다. 개인적인 개척정신이 국가정책과 어울려 탄력을 받아 만든 게 오늘날의 미국입니다. 케네디 등이 '개척자(프론티어) 정신'을 미국을 대표하는 미덕으로 홍보한 정치적 홍보도 감안해야겠지만, 2차 세계대전 때 혹독하게 시련을 받은 유태인은 대거 미국으로 터전을 옮겨 오늘날 유수 투자은행들을 사실상 손아귀에

쥐고 있고 심지어 미국 금융정책을 좌지우지하는 연방준비위원회의 주요 주주가 되어 세계 금융을 쥐락펴락하고 있습니다.

호주는 익히 아는 바와 같이 영국에서 죄수가 형량이 끝나거나 모범수로 사면을 받으면 호주에 정착해서 살게 본국에서 유도하여, 지난 1788년부터 1868년 사이에 15만7천명의 죄수가 영국에서 호주로 강제 이주했습니다. 25대 호주 총리였던 하워드 총리의 아버지 쪽 조상은 거북이 등껍질로 만든 시계를 훔치는 일에 가담했다가 유죄판결을 받고 1816년 호주로 영구 추방됐으며, 어머니 쪽 조상은 2건의 강도사건으로 1835년 호주로 쫓겨났습니다.

과거에는 조상들이 죄인이었다는 사실을 알고도 쉬쉬했으나 1980년대 호주 상륙 200주년을 고비로 분위기가 바뀌어 그것을 오히려 명예로 받아들이는 경향이 거꾸로 일반화되고 있는 실정입니다. 죄가 후손에게까지 가는 것은 아니고 그 후손들은 지난 160여년 간 미국의 서부개척정신처럼 드넓은 호주를 개척했기 때문에 죄수의 후손이라는 점이 가문의 영광이라는 이야기까지 나오게 됩니다.

지금까지 접점을 찾는 긴 여정을 함께 하였습니다.
이제 마음의 보따리를 사고 저 절벽 너머로 가 보실 수 있겠습니까?

역사책에 나오지는 않지만 엄연히 실존하는 개척의 반전은 의외로 가까운 곳에 있습니다.

철기와 기마문화를 가지고 일본에 간 가야인 이야기를 조금 전에 했는데요, 이 가야인이 넘어가기 전에 이미 오랜 시간 그 곳에 살았던 조몬인이 있습니다.

이 조몬인의 직계 혈통인 아이누족과 본토 일본인 사이의 유전적 유사성보다 한국인과 일본인의 유전자 유사성이 더 높은 것으로 본토 일본인들의 유전자 검사 결과 나타났습니다.

이 말은 가야가 멸망하는 즈음 바다를 건너 일본에 정착한 가야인은 우리가 생각하는 것 이상으로 엄청난 성공을 거두었다는 말로 해석 가능합니다.

아스카(飛鳥)는 날아온 새라는 뜻으로 한반도에서 온 사람들을 뜻합니다. 아스카는 한자로 편안할 안(安), 잘 숙(宿)을 써 편안하게 잠잘 곳이라는 뜻으로 가야의 멸망으로 어쩔 수 없이 선택한 고단한 바다 건너 타국에서의 여정을 타국인이 아니라 새로운 땅의 주인이 되어 터전을 잡겠다는 각오와 그 결과치가 심리적으로 나타나 있습니다.

물론 AD500년대 동족이었으나 그 후 1,500년의 시간이 지나면서 여러 가지 사건도 많아 가야인이 선조였던 그 후손들과는 정서적으로는 동족은 아니고 이웃나라일 뿐입니다.

이보다 훨씬 짧은 78년 밖에 시간이 지나지 않은 대한민국과 북한도 소위 MZ세대에게는 이웃나라일 뿐일 수도 있다는 측면에서, 앞으로 우리 앞에 기다리는 반전의 역동성은 의외로 그 변동폭이 다수의 정서를 뛰어넘을 거 같습니다.

여러분께서 만약 다음 4가지 바다 중에 하나를 골라 수평선 너머로 바다를 건너야 한다면 무엇을 선택하시겠습니까?

① 바다를 건너지 않는다. 아주 가끔 제주도 오가는 비행기만 타고 일본과 북한은 마음 속의 바다도 전혀 건너지 않는다.

② 부채의 바다를 건넌다.

③ 체면의 바다를 건넌다.

④ 가상의 바다를 건넌다.

정답은 없습니다.
접점만 있을 뿐이고
경계선 저 너머의 세상은 가보지 않고 소문으로만 선입관을 가지고 섣불리 판단하는 세계와는 다른 진짜 반전의 세계라고 저는 생각합니다.

영화에도 가끔 나오는 실재로 있는 유럽입자물리연구소(CERN)는 2016년 12월 19일 수소 원자 물질에 대응하는 반물질인 반수소(antihydrogen) 원자를 측정하는 데 성공한 바 있습니다.

다소 어려운 말이지만, 반전성(좌-우)과 전하의 부호, 그리고 '시간이 흐르는 방향'이 일제히 반대로 뒤집힌 우주는 여전히 물리법칙을 만족할 뿐만 아니라 우리 우주는 빅뱅의 반대편에 반물질 동반자를 갖고 있다는 'CPT-반전우주'이론이 2019년 물리학자 닐 투록(Neil Turok) 등에 의하여 모델화되고 있습니다.(*주 : CPT 대칭이란 C, 즉 전하(charge), P, 즉 반전성(parity), T, 즉 시간(Time)이 대칭이라는 것입니다.)

쉽게 비유하여 풀이하면, 우주의 저 먼 수평선 너머로의 반전의 접점을 찾는 여정도 가능하다는 의미입니다.

EPILOGUE

「진짜 접점」을 찾는 자가 이긴다

우리는 모두가 주목받고 싶은 심리가 본능적으로 있습니다.

타인에게 관심받고, 사랑받고, 인정받으려 하는 건 인간의 자연스러운 욕구나, 관심을 받고 싶어 하는 욕구가 지나치게 높아서 결과적으로 주목받지 않으면 못 견디는 현대병이 있는데 '경계성 인간'입니다.

회의 때는 어떻게든 튀는 발언을 해야 하고 나보다 다른 사람이 주목받는 게 싫고, 나를 인정해줬으면 하는 사람이 다른 사람을 칭찬하면 질투 때문에 마음 고생한 적이 혹시 있다면, 접점 찾기 과정을 되돌아봄으로써 치유 또는 해결할 수 있습니다.

인정받고 싶은 마음, 그리고 불안감 그 사이에서 놓치고 있는 부분은 자랑하고 싶은 마음이 접점을 옳게 찾지 못하고 거기에 점점 기대에 부응해야 한다는 심리가 더해져 폭주의 욕심이 더해 질 때 경계성 인간(경계성 인격 장애자)으로 불리는 사람들 특징에 가까워지게 되고 그게 심하면 병적 상태가 되는데 관심병이 바로 그렇습니다.

그런데 이러한 개인적 차원이 아니라 힘이 있는 권력자가 이러한 심리에 간접적으로 영향을 받으면 본질적인 문제가 해결되기보다는 더 꼬일 수도 있습니다.

이런 측면에서 각 분야의 권력자가 형성하여야 할 접점은 더 신중하게 선택되어야 합니다.

23년 2월 20일 조 바이든 미국 대통령이 우크라이나 수도 키이우를 전격 방문하여 국제적으로 큰 주목을 받고 있습니다. 바이든 대통령은 이날 키이우 대통령 관저 마린스키궁에서 볼로디미르 젤렌스키 대통령과 만나 미국이 우크라이나에 5억 달러 규모의 새로운 군사 지원 패키지를 제공할 것이라고 밝혔는데, 해당 패키지에는 우크라이나가 보유 중인 고속기동포병로켓시스템(HIMARS·하이마스) 탄약을 포함해 포탄, 대장갑 시스템, 대공감시 레이더 등을 포함한 주요 장비 등이 포함됐고 장거리 무기, 그리고 이전에는 우크라이나에 제공되지 않았지만 공급될 수 있는 무기들에 대해서도 논의가 있었다고 젤렌스키는 밝히고 있는 실정입니다.

미국의 대리전 성격이 더 심화되며 향후 점점 더 수렁에 다른 발도 들이게 되는 과거 중동 전례가 여기서 재현할 가능성이 더 높아지고 있음을 냉정하게 봐야겠습니다.

이라크전과 미국의 아프가니스탄 침공은 2007년 리먼브라더스 사태 이전에 유례를 찾을 수 있는 양적완화정책이 시행되기 전의 이야기였었고 2023년은 양적완화정책의 후유증이 아직 해결되지 않은 시점이라는 점에서 미국의 접점 체력과 성격은 많이 다릅니다.

출구가 보이지 않는 소모전이 연장되며 협상을 위한 유리한 경쟁의 덫을 더 세게 밟고 있는 건지 아닌지 생각해 봐야 되고 미국에서 155㎜ 포탄은 한 달에 고작 1만5천 발만 생산되기 때문에 한국이 캐나다에 155㎜ 포탄을 매각한 뒤 이를 우크라이나에 다시 전달하는 식으로 한국도 이 논쟁에서 자유롭지 못하다는 점을 유의해야겠습니다.

전쟁 이전 조사에서 우크라이나 성인 인구에서 모국어가 우크라이너어인 비중은 50%이고, 29%는 러시아어, 20%는 우크라이나어와 러시아어 두 개 모두를 사용하는 '정체성 혼재된 다민족 국가인 우크라이나'의 본질에서 접점을 찾아야 할 것입니다. 우크라이나 주민의 절반 이상이 국내외 러시아인과 친인척 관계인데, 서유럽 쪽에 가까운 우크라이나어만 사용하는 절반에 모든 걸 맡기고 판단하는 대외적 접근은 또 다른 악순환을 내부적으로 잉태할 뿐이지 않을까요?

힘과 돈이 만나는 접점을 찾되, 한시적인 접점이 아니라 본질을 훼손하지는 않는 장기 접점을 찾는 자가 결국에는 승리할 것입니다.

한시적인 접점에 집착하려는 두 권력자가 대외적으로 충돌하게 되면, 아래와 같은 유랑자 피라미드 가장 기초구조에서 발생하는 혼란이 있을 것입니다.

유엔난민기구(UNHCR)에 따르면 2022년 2월 24일 러시아가 우크라이나를 침공한 이후 2023년 1월 말까지 다른 유럽 국가로 들어온 우크라이나 난민은 800만여명에 이릅니다.

개전 후 우크라이나인 1천800만여명이 전란을 피해 나라를 떠났다가 990만여명이 다시 돌아갔으나, 국경을 넘지 않았지만 고향을 떠난 우크라이나 실향민 규모도 650만여명에 달하여 다른 유럽 국가에 머무는 800만명까지 합치면 1천450만여명이 집을 잃고 떠도는 신세입니다.

부록

한남동 관저에 대한 정동희의 「최초접점」 이야기

우리는 살면서 스스로 '알고 싶어요, 무엇을 잘못 했는지'라는 질문을 몇 번은 던지게 됩니다. 『접점의 1:100』은 그 질문에 대한 대답을 한남동 관저 선정과 관련한 사례를 통해 이야기합니다.

저, 정동희 작가는 2021년 4월 서울시장 선거 직후부터 서울의 11개 한강공원(광나루, 잠실, 뚝섬, 잠원, 반포, 이촌, 여의도, 망원, 난지, 양화, 강서)과 광화문광장을 매달 순차적으로 방문하는 '12개의 별' 투어를 22년 3월까지 한 바 있습니다.

이어 22년 9월부터 시즌Ⅱ를 다시 재개하여 23년 8월까지의 12개의 별 투어를 진행 중입니다.

이 여정은 상당수 한강공원이 나루터 역할을 과거 했다는 점에서 접점을 찾는 여정의 맥락이라는 점에서 『접점의 1:100』 독자 입장에서도 재미있는 부분입니다.

시즌I에서는 매달 3번째 일요일 오후3시에 12개 별의 궤적을 그렸지만, 시즌II에서는 매달 마지막 일요일 오전9시에 그 궤적을 그리고 있습니다.

일요일 아침 많은 이들이 아직 잠에서 깨어나지 않았을 때 짐을 꾸려 출발하여 접점이 주는 현장의 느낌을 체험하면서 지난 접점과 연결을 하고 동시에 다음 접점을 향해 다시 떠나는 저의 투어가 어떤 의미를 띠고 있는지 『접점의 1:100』의 다양하고 체계적인 접점 찾기 여정 사례를 읽고 나면 공감이 갈 것입니다.

한남동 관저에 대한 정동희의 「최초접점」 이야기 I

청와대의 이전 논의가 핫이슈로 부각된 직후인 2022. 3. 17. 7:20에 네이버·페이스북·다음 등의 SNS에 < '청와대 이전과 관련하여 제가 2018년 종로제1선거구에 출마 당시 생각한 아이디어'를 선거 공보까지 실은 바가 있어 소개드립니다. >라는 다음의 글을 기재합니다.

< '청와대 이전과 관련하여 제가 2018년 종로제1선거구에 출마 당시 생각한 아이디어'를 선거 공보까지 실은 바가 있어 소개드립니다. >

결론부터 말씀드리면, 광화문광장에 프랑스 루브르박물관 앞 투명 피라미드 비슷하거나 변형된 "유리로 되어 속이 다 비치는 한글창조탑"

255

을 세워, 가장 피라미드 끝의 방에는 방탄유리로 만들어 대통령이 가끔씩 여기 와서 그 방에 음악이라도 들으며 국민과 가까이 있어보자는 아이디어입니다.

이를 현재의 청와대 이전과 결합하면, 청와대 본관은 지상은 모두 철수하고 옆의 부속건물 등에서 대통령 집무와 거주는 그대로 가져가되, 청와대 본관만 이를 테면 하루 3시간 신청자 약30여명에게 매일 방문하며 국민에게 돌려주는 안입니다.

그리고 광화문광장에 소위 유리로 된 '한글창조타워'를 건립하기 전에는 지금 후보지로 거론되는 정부종합청사 국무총리실 옆방, 외교부청사 외교부장관 옆방, 용산 국방부청사 국방장관 옆방, 그리고 세종시의 국무총리조정실장 옆방에 그야말로 조그만 방을 만들어, (외국 방문 일정 없을 경우) 매주 수요일 오후3시 돌아가면서 약1시간 대통령이 그 방들을 방문하는 안입니다.

요약하면 기존 청와대 본관은 국민에게 지상은 돌려주고 국민이 찾아올 수 있게 하고 나머지 부속건물을 계속 활용하여 대통령 집무를 보는 안이며, 대신 광화문 유리 한글창조타워 건립 전에는 매주 돌아가면서 각처의 조그만 방을 방문하는 찾아가는 업무 접근입니다.

대신에 청와대 옆 국무총리 관저 앞 길도 지금처럼 일반인 못가게 통제하지 않고 지나갈 수 있게 하고, 청와대 밑으로 강북 미아까지(또는 은평 불광동까지) 갈 수 있는 지하차도를 만들어 극심한 강북 교통체증을 덜어, 광화문으로 이 통로로 일반인 차들이 들어올 수 있게 하는 소위 '내부순환도로 직각횡단 지하차도' 건립을 제안드립니다.

참고로 저의 2018년 종로제1선거구 공보 마지막 페이지를 첨부합니다.

한남동 관저에 대한 정동희의 「최초접점」 이야기 II

2022. 3. 19. 17:22에 네이버·페이스북·다음 등의 SNS에 < 2가지 에피소드 : 21년4월 광나루한강공원을 시작으로 12개의 별 투어에서 개인적으로 느낀 점입니다. >라는 다음의 글을 기재합니다.

'서울시장, 12개의 별' 뒷 표지

< 2가지 에피소드 : 21년4월 광나루한강공원을 시작으로 12개의 별 투어에서 개인적으로 느낀 점입니다. >

첫째, 한강공원 11곳을 모두 다 가보니 한강 상류인 광나루한강공원부터 모든 한강공원에서 남산타워가 보이더군요. (이 점은 이 투어를

시작하기 전에는 전혀 인지하지 못했고, 투어가 끝날 때 깨달았습니다.)

첨부된 '서울시장, 12개의 별' 표지 디자인 후보 그림을 보시면, 11개 한강공원에서 가상의 불빛 조명을 쏠 경우 적어도 남산타워 쪽으로 정확하게 쏠 수 있습니다. 이 남산타워를 중개체로 하여 광화문광장으로 불빛이 이어지거나, 중개체 없이 (남산 언덕으로 직접적으로 연결은 안되더라도) 가상으로 11개의 한강공원에서 직접적으로 광화문광장으로 불빛을 쏘는 게 가능합니다.

둘째, 그런데 용산 국방부로 12번째 별을 옮길 경우 결론부터 말씀드리면 별 모양이 깨어집니다. 왜냐하면 첨부된 표지 그림은 실측 그림을 축소한 것인데, 11번째 강서한강공원에서 쏘는 가상의 불빛이 9번째 난지한강공원 안쪽으로 연결되어, 12각형이 엇갈리며 형성안되기 때문입니다.

12개의 별을 스토리텔링 차원에서 완성하기 위해서는, 12번째 별은 적어도 광화문 또는 인근에 있을 경우 '12개의 투어'가 책 제목처럼 '12개의 별' 모양이 되더군요.

('12개의 별' 투어 관점에서 볼 때, 저는 광화문광장 외교부청사 길 건너편의 세종대로 198에 위치한 '대한민국 역사박물관'이 12번째 별 자리로 손색이 없을 뿐 아니라, 바로 옆의 광화문 시민열린마당을 헬기이착륙 환경으로 변모

하여 확장할 경우 미국의 백악관과 유사한 환경이 조성될 수 있다고 개인적으로 생각합니다. 즉, 청와대 지하만 빼고 지상 본관 및 양측 별관2동을 모두 '대한민국 역사박물관'으로 변경하여, 둘 간의 기존 역할을 스위칭을 하는 구도가 결과적으로 됩니다.)

한남동 관저에 대한 정동희의 「최초접점」 이야기 Ⅲ

2022. 3. 23. 13:28에 네이버·페이스북·다음 등의 SNS에 〈 에피소드 3에 대한 수수께끼가 오늘 풀리다 〉라는 다음의 글을 기재합니다.

당시 육군총장 공관은 대통령 관저 후보지로 선정된 상태였습니다. 이 글이 기재된 이후 여러 과정을 거쳐 대통령 관저는 육군총장 공관이 아니라 외교부 장관 공관으로 확정됐다는 측면에서 최초접점의 가치가 있는 내용입니다.

2021년 7월 18일 오후 3시 잠원한강공원 압구정주차장에서 정동희

2021년 7월 18일 잠원한강공원 압구정주차장에서 바라본 (인상적인) 한남동 외교부장관 공관 모습

〈 에피소드 3에 대한 수수께끼가 오늘 풀리다 〉 첨부된 사진은 작년 7월 제가 '12개의 별' 투어 과정에서 4번째로 찾은 잠원한강공원 압구정주차장에서 찍은 사진입니다. 이 사진들 중에 하나를 제 컴퓨터

배경화면으로 당시 깔았고 지금도 그대로인데, 그 사진을 볼 때마다 하나 궁금한 점이 계속 있었습니다.

왼쪽으로는 한남대교 쪽이고 오른쪽으로는 동호대교 쪽인데요, 사진 속에 제가 동그라미 그려놓은 단독집이 언덕위에 혼자 우두커니 서 있어, '저 집에는 누가 살까?'하는 의문과 동시에 '저 집에서 한강 쪽을 바라보면 뷰가 끝내주게 독점적이겠다.'는 생각이었죠.

그런데 오늘 그 수수께끼가 풀렸습니다.

그 동안에는 어느 재벌 회장님 거라고 생각했는데요, 정답은 대한민국 외교부장관 공관이었습니다.

아, 이제야 이해가 되는군요.

2021년 7월 18일 오후 3시 잠원한강공원 압구정주차장에서 정동희

이상을 요약하면, 청와대 이전이 제기된 2022년 3월 17일에는 사실상 이 의견에 반대한다는 의사를 표명하였고 2022년 3월 19일에는 그 이유를 '12개의 별을 잇는 12각형이 형성 안된다'는 점을 구체적으로 제시했습니다. 그런데 바로 위의 글인 < 에피소드 3에 대한 수수께끼가 오늘 풀리다 > 글을 통해 2022년 3월 23일 지난 '12개의 별 투어 중에서 21년 7월 잠원한강공원 압구정 주차장에서 찍은 사진을 컴퓨터 배경화면으로 설정했는데, 제 뒤에 보이는 한 지점이 계속 시선을 끌었고 그 지점이 그 날 알고 보니 당시 외교부장관 공관이라는 걸 깨닫고 사실상 지금까지의 청와대 이전 반대 입장을 철회하는 메시지'를 기재합니다.

그 정도로 당시 외교부장관 공관 자리가 매우 인상적이고 컴퓨터 배경화면으로 설정하고도 "그 지점에 누가 살까?" 궁금증을 몇 달째 품었던 좋은 자리였다는 메시지를 2022년 3월 23일 오후 1시28분에 저의 여러 SNS들을 통해 공개적으로 표명했다는 의미입니다.

2022년 3월 23일 시점에서는 청와대의 용산 이전은 공식적으로 기자회견을 통해 밝혀졌으나 관저는 한남동 육군참모총장 공관으로 간다고 언론 상에 이야기된 때입니다. 즉, 지금의 외교부장관 공관 자리로 대통령 관저가 옮겨가는 변화가 있기 전의 시점입니다.

2022. 3. 23. 13:28에 네이버 · 페이스북 · 다음 등의 SNS에 올린 < 에피소드 3에 대한 수수께끼가 오늘 풀리다 >는 지금의 한남동 공관

이 있게 된 이야기의 첫 번째 접점입니다.

　이 책이 출판하는 직전의 시중에서 이야기되는 이야기들은 모두 그 이후의 시점이라는 걸 주목해야 되겠습니다.

2022년 12월 25일 시즌Ⅱ 12개의 별 투어 중에서 다시 한남동 대통령관저를 배경으로 선 정동희

　시간이 흘러 (시즌 Ⅱ '정동희의 12개의 별')을 2022년9월부터 다시 시작했고 시즌 Ⅱ 네 번째 투어로 다시 찾아간 잠원한강공원 압구정주차장에서 찍은 사진입니다.

　2021년 7월의 시즌Ⅰ과 배경이 다른 점이 있다면 저 뒤에 보이는 한남동 언덕 위에 당시와 다르게 국기 게양대가 3개 생겼고 이제는 대통령 관저가 되었다는 점입니다.

　2022. 3. 23. 13:28에 네이버 · 페이스북 · 다음 등의 SNS에 올린 < 에피소드 3에 대한 수수께끼가 오늘 풀리다 >의 최초의 접점은 현실화되었습니다.

지금까지 접점을 찾는 여정을 부록까지 동행해주시느라 고생 많았습니다. 만약 '알고 싶어요, 무엇을 잘못 했는지'라는 질문이 생긴다면, 자신의 접점이 잘못되었을 가능성을 생각하게 만듭니다.

"알고 싶어 내가 뭘 잘못했는지, 뭐가 부족했던 건지"

짓궂은 우리의 그대 서 있는 거 같다면, 늦지 않았습니다.

『접점의 1:100』의 대답에 귀 기울여 봅시다.

어른이 되어 다시 시작하는 인생과 사회 공부의 시작점이 접점(接點)입니다.

작년에 필자는 금속용접기를 사서 용접을 해보았는데요, 용접에서도 「용접점(welding point)」에 대해 감을 잡는 게 시작이더군요.

이탈리아 바티칸에 위치한 스레스코 시스티나 성당에는 미켈란젤로가 4년 반 동안 그려서 1511년에 완성한 벽화가 웅대한 규모로 있습니다. 많은 관람객들은 그 중에서도 아담의 창조(The Creation of Adams)에, 신과 아담의 닿을 듯 말 듯 두 손가락의 접점 부분을 가장 뚫어지게 바라보곤 합니다. 미켈란젤로 천재가 접점이라는 상황으로 묘사한 그 부분이 전해주는 메시지가 가장 강렬하게 마음에 와닿기 때문에 그럴 것입니다.

여러분의 접점 이야기는 이제 시작입니다.

대단히 감사합니다.

접점의
CONTACT POINT
1100

초판 1쇄 인쇄 : 2023년 4월 11일
초판 1쇄 발행 : 2023년 4월 11일

지 은 이	정동희
발 행 인	정동희
디 자 인	더블디앤스튜디오
편 집	더블디앤스튜디오
교정·교열	황석자
주 소	서울시 종로구 평창7길 86
문 의	TEL 02-412-3093 FAX 02-6008-1701
이 메 일	theviewbook@gmail.com
홈페이지	theviews.kr
발 행 처	더뷰
출판등록	제2020-000074호
등록일자	2020년 6월 24일
I S B N	979-11-91971-02-6 03300

이 책은 더뷰 저작권자의 계약에 의해 출판된 것이므로, 무단 전재 및 유포, 공유, 복제를 금합니다.
이 책 내용의 전부 또는 일부를 이용하려면 반드시 저작자와 더뷰 서면 동의를 받아야 합니다.
잘못 만들어진 책은 판매처에서 교환해 드립니다. 책 값은 뒤표지에 있습니다.